Anna Colella

Verbtabellen
Italienisch

Die wichtigsten regelmäßigen und
unregelmäßigen Verben im Überblick

Hueber Verlag

9. 8. 7. | Die letzten Ziffern
2029 28 27 26 25 | bezeichnen Zahl und Jahr des Druckes.
Alle Drucke dieser Auflage können, da unverändert,
nebeneinander benutzt werden.
1. Auflage
© 2006 Hueber Verlag GmbH & Co. KG, München, Deutschland
Umschlaggestaltung: creative partners gmbh, München
Fotogestaltung Cover: wentzlaff | pfaff | güldenpfennig kommunikation gmbh,
                      München
Coverfoto: © Matton Images/StockByte
Layout: Satz+Layout Fruth GmbH, München
Redaktion: Jürgen Frank, Hueber Verlag, München
GPSR-Kontakt: Hueber Verlag GmbH & Co. KG, Baubergerstraße 30,
80992 München, kundenservice@hueber.de
Druck und Bindung: Friedrich Pustet GmbH & Co. KG, Gutenbergstraße 8,
93051 Regensburg, technik@pustet.de
Printed in Germany
ISBN 978-3-19-007902-5

Art. 530_14030_001_07

Inhalt

Vorwort

Verbtabellen Italienisch bietet die wichtigsten **regelmäßigen und unregelmäßigen Verben** zum **Lernen** und **Nachschlagen**. Das Werk richtet sich an Italienischlernende aller Stufen, vom **Anfänger** bis zum **Fortgeschrittenen**. Es eignet sich zum **Selbststudium**, kann aber auch **kursbegleitend** eingesetzt werden.

Verbtabellen Italienisch ist **übersichtlich** gestaltet. Jedem Verb ist eine eigene Seite gewidmet, auf der **umfassend** alle Zeiten des Verbs – einfache und zusammengesetzte – dargestellt werden.

Verbtabellen Italienisch enthält insgesamt **75 Musterkonjugationen der regelmäßigen und unregelmäßigen Verben**. Hinzu kommen **57 Verben**, die nur einige **wenige unregelmäßige Formen** aufweisen, sowie **3 Tabellen** zur Bildung des **Passivs**. Das Kapitel der regelmäßigen Verben enthält außerdem **Verben mit Besonderheiten** und **reflexive Verben**.

Verbtabellen Italienisch bietet darüber hinaus:
- Eine Übersicht über die wichtigsten **grammatischen Fachbegriffe** im Italienischen und Deutschen.
- Eine **Einführung in die Grundlagen des Verbs** mit Hinweisen zum Gebrauch aller Zeitformen mit Beispielsätzen und deutscher Übersetzung.
- Nützliche **Lerntipps** zum effizienten und gezielten Üben der Verbformen.
- Eine Liste der am häufigsten gebrauchten **Verben, die mit oder ohne Präpositionen** gebraucht werden, mit deutscher Übersetzung.
- Ein **alphabetisches Verbregister** mit über 1 000 regelmäßigen und unregelmäßigen Verben, jeweils mit Angabe des Hilfsverbs, mit Verweis auf das Konjugationsmodell und mit deutscher Übersetzung.

Hinweise zum Gebrauch der Verbtabellen

Die Verbtabellen sind in 4 Hauptkapitel aufgeteilt:

1 Hilfsverben
2 Regelmäßige Verben
3 Unregelmäßige Verben
4 Passiv

Die Kapitel „Regelmäßige Verben" und „Unregelmäßige Verben" sind entsprechend der drei Konjugationsklassen (Verben auf **-are**, **-ere** und **-ire**) jeweils in drei Unterkapitel aufgeteilt. Das Kapitel „Regelmäßige Verben" enthält zusätzlich die Modellkonjugation der reflexiven Verben.

Erklärung des Aufbaus der Verbtabellen:

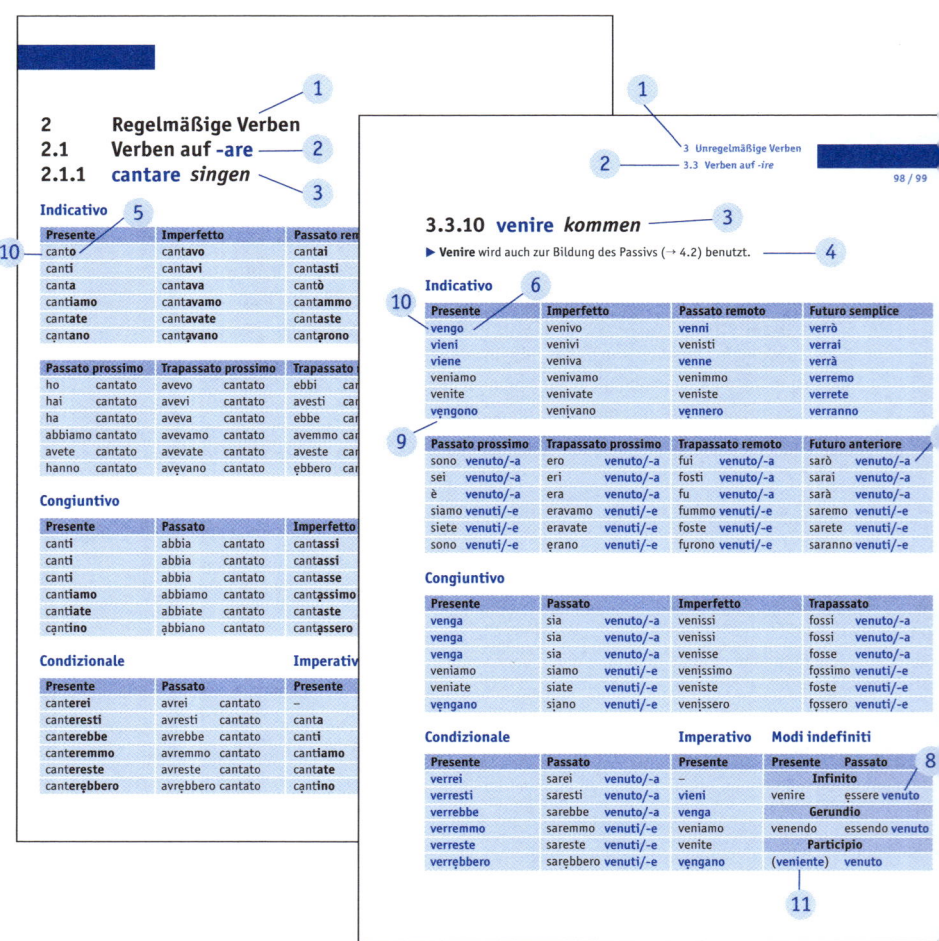

1.   Die **1. Überschrift** verweist auf das Hauptkapitel.

2.   Die **2. Überschrift** verweist auf das Unterkapitel.

3.   Die **3. Überschrift** verweist auf das konjugierte Musterverb in der Grundform
(mit deutscher Übersetzung).

4.   Hier finden Sie **Hinweise zu Besonderheiten und/oder Unregelmäßigkeiten**
des Musterverbs.

5.   Die **Endungen** der regelmäßigen Musterverben sind **fett markiert**.

6.   Alle regelmäßigen Verbformen, die **Besonderheiten** aufweisen, sowie alle
unregelmäßigen Verbformen sind **blau hervorgehoben**.

7.   **Partizip Perfekt mit *essere*:** Bei der Bildung der zusammengesetzten Zeiten
mit *essere* erhält das Partizip Perfekt eine maskuline oder eine feminine
Endung (*-o/-a*) im Singular und eine maskuline oder eine feminine Endung
(*-i/-e*) im Plural.

8.   ***Modi indefiniti* mit *essere*:** Aus Gründen der Übersichtlichkeit wird bei den
modi indefiniti, die mit *essere* konjugiert werden, nur die männliche Form
Singular (*-o*) des Partizip Perfekt angegeben: z. B. *infinito passato* von *venire*
→ *essere venuto* statt *essere venuto/-a/-i/-e*.

9.   Wenn die **Betonung** nicht auf der vorletzten Silbe liegt, wird die betonte Silbe
durch einen Punkt unter der Verbform gekennzeichnet, z. B. *vẹngono*.

10.   Da die **Subjektpronomen** in der Regel nicht erforderlich sind, wurden sie in
den Verbtabellen weggelassen. Ausführliche Informationen dazu erhalten Sie
in der Einführung (→ S. 13).

11.   Die selten gebrauchten Formen werden in Klammern angegeben.

Grammatische Fachbegriffe

Übersicht über die gebräuchlichsten italienischen und deutschen Grammatikbegriffe

italienische Begriffe	deutsche Begriffe
accento	Akzent / Betonung
aggettivo	Adjektiv / Eigenschaftswort
complemento di termine	indirektes Objekt / Ergänzung im Dativ (3. Fall)
complemento oggetto	direktes Objekt / Ergänzung im Akkusativ (4. Fall)
condizionale passato	Konditional II / Bedingungsform II
condizionale presente	Konditional I / Bedingungsform I
congiuntivo	Konjunktiv / Möglichkeitsform
congiunzione	Konjunktion / Bindewort
coniugazione	Konjugation / Beugung der Verben
desinenza	Endung
forma attiva	Aktivform / Tätigkeitsform
forma passiva	Passivform / Leideform
futuro anteriore	Futur II / Vorzukunft
futuro semplice	Futur I / Zukunft
gerundio	Gerundium
imperativo	Imperativ / Befehlsform
imperfetto	Präteritum / Vergangenheit
indicativo	Indikativ / Wirklichkeitsform
infinito	Infinitiv / Grundform des Zeitworts
modo	Modus, (Plural) Modi / Aussageweise
modo finito / indefinito	persönliche / unpersönliche Form
numero	Numerus / Zahl
participio passato	Partizip Perfekt / Mittelwort der Vergangenheit
participio presente	Partizip Präsens / Mittelwort der Gegenwart
passato remoto	historische Vergangenheit

italienische Begriffe	deutsche Begriffe
passato prossimo	Perfekt / vollendete Gegenwart
preposizione	Präposition / Verhältniswort
presente	Präsens / Gegenwart
pronome personale soggetto	Subjektpronomen / persönliches Fürwort (1. Fall)
radice del verbo	Verbstamm
sillaba	Silbe
singolare	Singular / Einzahl
soggetto	Subjekt / Satzgegenstand
sostantivo	Substantiv / Hauptwort
tempo	Tempus, (Plural) Tempora / Zeitform
tempo composto	zusammengesetzte Zeitform
tempo semplice	einfache Zeitform
trapassato prossimo	Plusquamperfekt / Vorvergangenheit
trapassato remoto	historisches Plusquamperfekt
persona	Person
plurale	Plural / Mehrzahl
verbo	Verb / Tätigkeitswort / Zeitwort
verbo ausiliare	Hilfsverb / Hilfszeitwort
verbo impersonale	unpersönliches Verb / Zeitwort
verbo intransitivo	intransitives Verb
verbo irregolare	unregelmäßiges Verb / Zeitwort
verbo regolare	regelmäßiges Verb / Zeitwort
verbo riflessivo	reflexives Verb / rückbezügliches Zeitwort
verbo servile	Modalverb
verbo transitivo	transitives Verb

Einführung in die Grundlagen des Verbs

1   Merkmale des Verbs

Das Verb ist das wichtigste Element des Satzes. Alle anderen Satzteile sind vom
Verb abhängig. Das Verb drückt eine Handlung oder einen Zustand aus. Diese
Fähigkeit spiegelt sich in den Merkmalen des Verbs wider: dem Modus, dem
Tempus, der Person, dem Numerus und der Aktionsart.

- Der **Modus** verweist auf die Aussageweise und den Gesichtspunkt des
  Sprechers: z. B. Wirklichkeit → Modus „indicativo" (*Indikativ*) oder Befehl
  → Modus „imperativo" (*Imperativ*).
- Das **Tempus** (= Zeitform) verweist auf den chronologischen Zusammenhang
  zwischen Sprecher und Handlung: Gegenwart, Vergangenheit, Zukunft.
- Die **Person** und der **Numerus** (= Zahl) kennzeichnen, auf wen oder was sich das
  Verb bezieht: z. B. 3. Person Singular → lui/lei *er/es/sie*; 2. Person Plural
  → voi *ihr*.
- Die **Aktionsart**: Aktiv und Passiv
  Das Verb in einem Aktivsatz hebt den Urheber der Handlung hervor:
  Enzo ha comprato una casa.   *Enzo hat ein Haus gekauft.*
  Das Verb in einem Passivsatz hebt hervor, was mit einer Person oder einer
  Sache geschieht:
  La casa è stata venduta.   *Das Haus ist verkauft worden.*

2   Bildung der Verbformen

2.1 Konjugationsklassen
Im Italienischen wird das Verb nach der Endung des Infinitivs (= Grundform) in
drei Klassen mit jeweils unterschiedlichen Konjugationsmustern eingeteilt:

1. Konjugation → Verben mit Infinitiv auf -are
Die meisten italienischen Verben gehören zur 1. Konjugation, z. B. **cantare**
singen. Verbneubildungen gehören in der Regel ebenso dieser Gruppe an,
z. B. **cliccare** *klicken*.

2. Konjugation → Verben mit Infinitiv auf -ere
Die meisten unregelmäßigen Verben gehören zu dieser Gruppe, z. B. **prendere**
nehmen.

3. Konjugation → Verben mit Infinitiv auf -ire
Die 3. Konjugation weist eine weitere Unterteilung auf:
- Verben ohne Stammerweiterung, z. B. **sentire** *hören*
- Verben mit Stammerweiterung -isc-, z. B. **preferire** *bevorzugen*
Einige Verben lassen sich mit und ohne Stammerweiterung konjugieren,
z. B. **applaudire** *klatschen* → **applaudo / applaudisco**.

2.2 Verbformen

Alle Formen des Verbs werden aus dem Infinitiv abgeleitet. Jede Verbform besteht aus dem Stamm und der Endung, die direkt an den Stamm angehängt wird.

Stamm → parl- + **Endung** → -are   parlare *sprechen*
          cred- +   -i   credi *du glaubst*
          rid- +   -ono   ridono *sie lachen*

Die Verb-Endung liefert Informationen zu Modus, Tempus, Person und Numerus.

2.3 Übersicht über alle Modi und Tempora

	Modi		Tempi		
finiti	**Indicativo**	Presente	Imperfetto Passato prossimo Passato remoto Trapassato prossimo Trapassato remoto	Futuro semplice Futuro anteriore	
	Congiuntivo	Presente	Imperfetto Passato Trapassato		
	Condizionale	Presente	Passato		
	Imperativo	Presente			
indefiniti	**Infinito**	Presente	Passato		
	Gerundio	Presente	Passato		
	Participio	Presente	Passato		

(Spaltenbeschriftung: Gegenwart – Vergangenheit – Zukunft)

2.4 Modi

Die Modi werden unterteilt in **modi finiti** (= persönliche Formen) und **modi indefiniti** (= unpersönliche Formen):

- Die **modi finiti** sind die konjugierten (= flektierten) Formen des Verbs. Man unterscheidet jeweils sechs Formen (entsprechend den 3 Personen im Singular und Plural) pro Zeit / Modus.
  Beispiel: **indicativo presente** von **cantare** *singen*

Singular	1. Person	(io) **canto**	*ich singe*
	2. Person	(tu) **canti**	*du singst*
	3. Person	(lui)	*er/es singt*
		(lei) **canta**	*sie singt*
		(Lei)	*Sie singen*
Plural	1. Person	(noi) **cantiamo**	*wir singen*
	2. Person	(voi) **cantate**	*ihr singt*
			Sie singen
	3. Person	(loro) **cạntano**	*sie singen*

- Die **modi indefiniti** werden nicht konjugiert, z. B. **participio passato** von **cantare** → **cantato** *gesungen*.

2.5 Tempora

Die Zeitformen werden unterteilt in „einfache Zeiten" und „zusammengesetzte Zeiten".

- Bei den **einfachen Zeiten** (wie **presente, imperfetto, futuro semplice**) besteht jede Verbform aus nur einem Wort: z. B. **indicativo presente**, 1. Person Singular, von **trovare** *finden* → **trovo** *ich finde*.

- Bei den **zusammengesetzten Zeiten** (wie **passato prossimo, futuro anteriore**) besteht jede Verbform aus zwei Teilen: einem konjugierten Hilfsverb und dem **participio passato** (Partizip Perfekt).

Die Hilfsverben sind, wie im Deutschen, **avere** *haben* und **essere** *sein*.

- Werden die zusammengesetzten Zeiten mit **avere** gebildet, bleibt das **participio passato** unverändert (Endung auf **-o**).
  Pietro **ha** mangiato.   *Pietro hat gegessen.*
  Rosa **ha** mangiato.   *Rosa hat gegessen.*
- Werden die zusammengesetzten Zeiten mit **essere** gebildet, wird das **participio passato** in Geschlecht und Zahl dem Subjekt angeglichen (Endungen auf **-o**, **-a**, **-i**, **-e**).
  Pietro **è** partito.   *Pietro ist abgefahren.*
  Rosa **è** partita.   *Rosa ist abgefahren.*
  Pietro e Gina **sono** partiti.   *Pietro und Gina sind abgefahren.*
  Rosa e Maria **sono** partite.   *Rosa und Maria sind abgefahren.*

Gebrauch von *avere*

Das Hilfsverb **avere** wird sowohl mit transitiven Verben **1** als auch mit einigen intransitiven Verben **2** verwendet.

1 **Ho** letto un libro.   *Ich habe ein Buch gelesen.*
2 **Ho** camminato molto.   *Ich bin viel gelaufen.*

Gebrauch von *essere*

Das Hilfsverb **essere** wird mit intransitiven Verben **1**, mit reflexiven Verben **2** und mit unpersönlichen Verben **3** verwendet.

1 **Siamo** andati a Roma.   *Wir sind nach Rom gefahren.*
2 I bambini si **sono** lavati.   *Die Kinder haben sich gewaschen.*
3 Che **è** successo?   *Was ist passiert?*

Gebrauch von *avere* oder *essere*

- Die Modalverben **volere**, **potere** und **dovere** bilden die zusammengesetzten Zeiten mit beiden Hilfsverben (**avere**, **essere**), je nachdem ob das darauf folgende Verb (im Infinitiv) **essere** oder **avere** verlangt.
  Ho dovuto lavorare.   *Ich habe arbeiten müssen.*
  Sono dovuto/a uscire.   *Ich habe ausgehen müssen.*

- Einige Verben verlangen **avere** bzw. **ẹssere**, je nachdem ob sie transitiv[1] **1** oder intransitiv[2] **2** gebraucht werden.
1 **Hai** iniziato l'università?   *Hast du mit dem Studium angefangen?*
2 La scuola **è** iniziata.   *Die Schule hat angefangen.*

2.6 Subjektpronomen

Singular	1. Person	**io**	*ich*
	2. Person	**tu**	*du*
	3. Person	**lui**	*er/es*
		lei	*sie*
		Lei	*Sie*
Plural	1. Person	**noi**	*wir*
	2. Person	**voi**	*ihr/Sie*
	3. Person	**loro**	*sie*

Da die Verb-Endungen bereits Informationen zu Person und Numerus enthalten, sind die Subjektpronomen in der Regel nicht erforderlich und werden normalerweise nur dann gebraucht, wenn man sie betonen will.
Vado a casa.   *Ich gehe nach Hause.*
Io vado a casa, e **tu**?   *Ich gehe nach Hause, und du?*
Für die Höflichkeitsform (Sie) wird im Singular das Pronomen **Lei** benutzt, im Plural dagegen das Pronomen **voi**, seltener auch **loro**.

2.7 Betonung

Die Betonung der Verbformen kann sowohl auf dem Verbstamm als auch auf der Endung liegen. In den Verbtabellen wird explizit auf die Betonung hingewiesen. Wenn die Betonung nicht auf der vorletzten Silbe liegt, wird die betonte Silbe durch einen Punkt unter der Verbform gekennzeichnet.
canto   *ich singe*   Betonung auf der vorletzten Silbe   → kein Punkt
cạntano   *sie singen*   Betonung auf der drittletzten Silbe   → Punkt

2.8 Aussprache

Wenn die Konsonanten **c** und **g** und die Konsonantengruppen **ch**, **gh**, **gl** und **sc** auf Endungen treffen, die mit **-a/-o/-i/-e** beginnen, gelten folgende Aussprache-Regeln:

ca / co	werden wie dt.	ka / ko	ausgesprochen
chi / che	werden wie dt.	ki / ke	ausgesprochen
ci / ce	werden wie dt.	tschi / tsche	ausgesprochen
ga / go	werden wie dt.	ga / go	ausgesprochen
ghi / ghe	werden wie dt.	gi / ge	ausgesprochen

[1] **Ein transitives Verb** ist ein Verb, dem ein direktes Objekt (= Akkusativ) folgt.
Rosa mangia una mela.   *Rosa isst einen Apfel.*

[2] **Ein intransitives Verb** ist ein Verb, dem kein direktes Objekt folgt.
Giorgio parte domani.   *Giorgio fährt morgen ab.*

gi / ge	werden wie dt.	dschi / dsche	ausgesprochen
gli	wird wie dt.	lj	ausgesprochen
sca /sco	werden wie dt.	ska / sko	ausgesprochen
sci / sce	werden wie dt.	schi / sche	ausgesprochen

3 Gebrauch der Modi und Tempora

3.1 Indicativo

- Das **presente** drückt in der Gegenwart ablaufende Vorgänge aus: die
  unmittelbare Gegenwart **1**, Gewohnheiten **2**, die nahe Zukunft **3**.

1 **Scrivo** una lettera.   *Ich schreibe einen Brief.*
2 **Giochiamo** sempre a calcio.   *Wir spielen immer Fußball.*
3 Domani **andate** a scuola?   *Geht ihr morgen in die Schule?*

- Das **imperfetto** drückt in der Vergangenheit abgelaufene Vorgänge aus:
  Handlungen von unbestimmter Dauer **1**, wiederholte oder gewohnheitsmäßige
  Vorgänge **2**, gleichzeitig ablaufende Handlungen **3**, Beschreibungen von
  Personen, Dingen, Zuständen etc. **4**.

1 **Vivevamo** a Londra.   *Wir lebten in London.*
2 Mi **chiamava** sempre.   *Er rief mich immer an.*
3 Mentre **studiavo**, **ascoltavo** la musica.   *Während ich lernte, hörte ich Musik.*
4 **Era** bel tempo.   *Es war schönes Wetter.*

- Das **passato prossimo** drückt ebenfalls Vorgänge aus, die sich in der Vergangenheit abgespielt haben: abgeschlossene Vorgänge **1**, einmalige **2** oder
  aufeinander folgende Handlungen **3**.

1 **Sono stato** un anno a Roma.   *Ich bin ein Jahr in Rom gewesen.*
2 Ieri **ho visto** Mario.   *Gestern habe ich Mario gesehen.*
3 **Abbiamo cenato** e poi   *Wir haben zu Abend gegessen und*
   siamo andati a dormire.   *dann sind wir ins Bett gegangen.*

- Das **trapassato prossimo** drückt Vorzeitigkeit in der Vergangenheit aus.

Anna **aveva** già **mangiato** quando   *Anna hatte schon gegessen, als*
   Leo è arrivato.   *Leo ankam.*

- Das **passato remoto** und das **trapassato remoto** werden hauptsächlich in der
  gehobenen schriftlichen Sprache benutzt. In Süditalien wird das **passato
  remoto** auch in der gesprochenen Sprache verwendet. Das **passato remoto 1**
  entspricht im Gebrauch dem **passato prossimo**, das **trapassato remoto 2**
  entspricht dem **trapassato prossimo**.

1 Nel 1990 **andai** negli Stati Uniti.   *1990 ging ich in die Vereinigten*
         Staaten.
2 Quando **ebbe finito**, uscì.   *Als er/sie fertig (geworden) war, ging*
         er/sie weg.

- Das **futuro semplice** drückt eine zukünftige Handlung **1** oder eine Vermutung **2** aus.
1 Tra un anno **comprerà** una casa.   *In einem Jahr wird er/sie ein Haus kaufen.*
2 Dove **saranno** le chiavi?   *Wo werden die Schlüssel wohl sein?*

- Das **futuro anteriore** drückt Vorzeitigkeit in der Zukunft **1** aus sowie eine auf die Vergangenheit bezogene Vermutung **2**.
1 Andrò in vacanza appena **avrò**   *Ich werde in Urlaub fahren, sobald ich diese*
    finito questo lavoro.   *Arbeit abgeschlossen habe(n werde).*
2 **Sarà** già **arrivato** a casa Fabio?   *Wird Fabio schon zu Hause angekommen*
    sein?

3.2 Congiuntivo

Der **congiuntivo** wird hauptsächlich in Nebensätzen verwendet, die durch das Bindewort **che** (*dass*) eingeleitet werden. Auslöser des **congiuntivo** sind Verben (die im Hauptsatz erscheinen), die Meinung (z. B. **pensare** *denken*, **credere** *glauben*), Hoffnung (z. B. **sperare** *hoffen*), Wunsch (z. B. **desiderare** *wünschen*) oder Unsicherheit (z. B. **sembrare** *scheinen*) ausdrücken, sowie einige unpersönliche Ausdrücke mit dem Verb **essere** (z. B. **è importante** *es ist wichtig*, **è necessario** *es ist nötig*, **è facile** *es ist leicht*).

	Indicativo		Congiuntivo	
Hauptsatz	Presente	**Nebensatz**	**Presente**	[*gegenwärtige/zukünftige Handlung*]
	Presente		**Passato**	[*vorzeitige Handlung*]
	Imperf./Pass. pross.		**Imperfetto**	[*gleichzeitige/nachzeitige Handlung*]
	Imperf./Pass. pross.		**Trapassato**	[*vorzeitige Handlung*]

Penso	che **venga**.	*Ich denke, er kommt.*
Penso	che **sia** già **venuto**.	*Ich denke, er ist schon gekommen.*
Pensavo	che **venisse**.	*Ich dachte, er käme.*
Pensavo	che **fosse** già **venuto**.	*Ich dachte, er wäre schon gekommen.*

3.3 Condizionale

- Das **presente** drückt aus: Wünsche **1**, Bitten **2**, Vorschläge **3**, Ratschläge **4** und Möglichkeiten **5**.
1 **Vorrei** imparare l'italiano.   *Ich möchte Italienisch lernen.*
2 **Potresti** aiutarmi?   *Könntest du mir helfen?*
3 Che ne **direste** di andare al cinema?   *Was würdet ihr davon halten, ins Kino zu gehen?*
4 **Dovresti** dirgli la verità.   *Du solltest ihm die Wahrheit sagen.*
5 Roberto **potrebbe** frequentare   *Roberto könnte einen Sprachkurs im*
    un corso di lingua all'estero.   *Ausland besuchen.*

- Das **passato** drückt zweierlei in der Vergangenheit aus: einen nicht erfüllten
  Wunsch **1** sowie eine Handlung, die hätte stattfinden können **2**.

1 Ieri **sarei andato** volentieri al
   cinema.

*Gestern wäre ich gerne ins Kino
gegangen.*

2 Ti **avrei chiamato**, ma ho perso
   il cellulare.

*Ich hätte dich angerufen, aber ich habe
das Handy verloren.*

3.4 Imperativo
Der **imperativo** entspricht der Befehlsform.

Vieni qui!

Komm hierher!

Prego, **si accomodi.**

Nehmen Sie bitte Platz.

3.5 Modi indefiniti
- Der **infinito** wird häufig nach Verben (mit oder ohne Präposition) gebraucht.

Devo **cucinare.**

Ich muss kochen.

Andate **a ballare**?

Geht ihr tanzen?

- Das **gerundio** und das **participio** dienen hauptsächlich dazu, zwei Sätze in
  verkürzter Form auszudrücken.

Se andiamo in aereo, arriviamo prima. → **Andando** in aereo arriviamo prima.
Wenn wir fliegen, kommen wir früher an.

Quando sono tornato in albergo, mi sono riposato. → **Tornato** in albergo mi
sono riposato.
Als ich ins Hotel zurückkehrte, habe ich mich ausgeruht.

- Das **gerundio presente** wird außerdem in der Verlaufsform verwendet.

Stanno **lavorando.**

Sie arbeiten gerade.

- Das **participio (presente / passato)** kann auch als Substantiv **1** oder
  Adjektiv **2** gebraucht werden.

1 i **partecipanti**
   il **laureato**

*die Teilnehmer
der Akademiker*

2 una donna **affascinante**
   un uomo molto **stimato**

*eine faszinierende Frau
ein sehr geschätzter Mann*

Lerntipps

1. Wenn Sie ein neues Verb lernen wollen, ist es empfehlenswert, sich seine Grundform und sein Partizip Perfekt gleichzeitig anzueignen. Das hilft Ihnen später, die zusammengesetzten Zeiten leichter zu bilden.

2. Wenn Sie die Konjugation eines Verbs (z. B. im Präsens) üben wollen, empfiehlt es sich, es vorher mehrmals schriftlich durchzukonjugieren. Sie werden sehen, wie leicht es sich dann einprägt. Dabei sprechen Sie die Verbformen, die Sie schreiben, laut nach.

3. Besonders effizient ist es, ein Verb zusammen mit seiner Präposition zu lernen. Bilden Sie Beispiele aus Ihrem Alltagsleben. So lernen Sie es auf praktische Weise.

4. Wenn Sie einen Lernpartner haben, können Sie zu zweit die Konjugationen üben. Fragen Sie sich gegenseitig und abwechselnd die Verben ab. Oder konjugieren Sie zusammen ein Verb durch, eine Verbform nach der anderen, z. B. das Präsens von **cantare** → Sie sagen: **canto**; Ihr Lernpartner sagt: **canti**; Sie sagen: **canta** usw.

5. Machen Sie eine vergrößerte Fotokopie einer Verbtabelle. Wenn Sie z. B. das **congiuntivo presente** üben wollen, dann schneiden Sie die sechs Verbformen aus und versuchen, sie wieder in die ursprüngliche Reihenfolge zu bringen.

6. Nehmen Sie einen Spielwürfel. Die Zahlen 1–6 stehen für die sechs Subjektpronomen, also: 1 = **io**, 2 = **tu**, 3 = **lui/lei/Lei**, 4 = **noi**, 5 = **voi**, 6 = **loro**. Wollen Sie z. B. das Verb **andare** üben, dann fangen Sie mit dem Präsens an, würfeln und konjugieren die Verbform, die der Würfelzahl entspricht: z. B. die Zahl 6 → **vanno**.

7. Zeichnen Sie auf einem großen Blatt ein Kästchenraster, das Sie in 10 bis 20 Felder unterteilen. In jedes Feld schreiben Sie ein Verb und entscheiden, welche Zeitform (**presente, imperfetto, futuro** usw.) Sie üben wollen. Dann konjugieren Sie mit einem Spielwürfel nach dem Zufallsprinzip nach und nach die Verben, die auf den Feldern sind. Die Zahlen des Würfels 1–6 stehen wieder für die Personen: 1 = **io**, 2 = **tu**, 3 = **lui/lei/Lei**, 4 = **noi**, 5 = **voi**, 6 = **loro**. Benutzen Sie dabei immer das Buch zur Kontrolle.
Beispiel:

abitare	sciare	sentire	bere	dare	vedere	dire	uscire	correre	fare

Zeitform: **futuro semplice**
Würfelzahl: 3, Verb: **abitare** → **abiterà**; Würfelzahl: 5, Verb: **sciare** → **scierete** ...

8. Erstellen Sie eine leere Verbtabelle und benutzen Sie sie, um die Konjugation eines Verbs zu üben. Vervollständigen Sie sie mit allen Verbformen, die Sie kennen. Vergleichen Sie dann zur Kontrolle Ihre Verbtabelle mit der im Buch.

1 Hilfsverben
1.1 avere *haben*

▶ **Avere** dient zur Bildung der zusammengesetzten Zeiten (→ S. 12/13).

Indicativo

Presente	Imperfetto	Passato remoto	Futuro semplice
ho	avevo	ebbi	avrò
hai	avevi	avesti	avrai
ha	aveva	ebbe	avrà
abbiamo	avevamo	avemmo	avremo
avete	avevate	aveste	avrete
hanno	avevano	ebbero	avranno

Passato prossimo		Trapassato prossimo		Trapassato remoto		Futuro anteriore	
ho	avuto	avevo	avuto	ebbi	avuto	avrò	avuto
hai	avuto	avevi	avuto	avesti	avuto	avrai	avuto
ha	avuto	aveva	avuto	ebbe	avuto	avrà	avuto
abbiamo	avuto	avevamo	avuto	avemmo	avuto	avremo	avuto
avete	avuto	avevate	avuto	aveste	avuto	avrete	avuto
hanno	avuto	avevano	avuto	ebbero	avuto	avranno	avuto

Congiuntivo

Presente	Passato		Imperfetto	Trapassato	
abbia	abbia	avuto	avessi	avessi	avuto
abbia	abbia	avuto	avessi	avessi	avuto
abbia	abbia	avuto	avesse	avesse	avuto
abbiamo	abbiamo	avuto	avessimo	avessimo	avuto
abbiate	abbiate	avuto	aveste	aveste	avuto
abbiano	abbiano	avuto	avessero	avessero	avuto

Condizionale

Presente	Passato	
avrei	avrei	avuto
avresti	avresti	avuto
avrebbe	avrebbe	avuto
avremmo	avremmo	avuto
avreste	avreste	avuto
avrebbero	avrebbero	avuto

Imperativo

Presente
–
abbi
abbia
abbiamo
abbiate
abbiano

Modi indefiniti

Presente	Passato
Infinito	
avere	avere avuto
Gerundio	
avendo	avendo avuto
Participio	
avente	avuto

1.2 ẹssere *sein*

▶ Ẹssere dient zur Bildung der zusammengesetzten Zeiten (→ S. 12/13) und des Passivs (→ 4.1).

Indicativo

Presente	Imperfetto	Passato remoto	Futuro semplice
sono	ero	fui	sarò
sei	eri	fosti	sarai
è	era	fu	sarà
siamo	eravamo	fummo	saremo
siete	eravate	foste	sarete
sono	ẹrano	fụrono	saranno

Passato prossimo	Trapassato prossimo	Trapassato remoto	Futuro anteriore
sono stato/-a	ero stato/-a	fui stato/-a	sarò stato/-a
sei stato/-a	eri stato/-a	fosti stato/-a	sarai stato/-a
è stato/-a	era stato/-a	fu stato/-a	sarà stato/-a
siamo stati/-e	eravamo stati/-e	fummo stati/-e	saremo stati/-e
siete stati/-e	eravate stati/-e	foste stati/-e	sarete stati/-e
sono stati/-e	ẹrano stati/-e	fụrono stati/-e	saranno stati/-e

Congiuntivo

Presente	Passato		Imperfetto	Trapassato	
sia	sia	stato/-a	fossi	fossi	stato/-a
sia	sia	stato/-a	fossi	fossi	stato/-a
sia	sia	stato/-a	fosse	fosse	stato/-a
siamo	siamo	stati/-e	fọssimo	fọssimo	stati/-e
siate	siate	stati/-e	foste	foste	stati/-e
sịano	sịano	stati/-e	fọssero	fọssero	stati/-e

Condizionale

Presente	Passato	
sarei	sarei	stato/-a
saresti	saresti	stato/-a
sarebbe	sarebbe	stato/-a
saremmo	saremmo	stati/-e
sareste	sareste	stati/-e
sarẹbbero	sarẹbbero	stati/-e

Imperativo

Presente
–
sii
sia
siamo
siate
sịano

Modi indefiniti

Presente	Passato
Infinito	
ẹssere	ẹssere stato
Gerundio	
essendo	essendo stato
Participio	
–	stato

2 Regelmäßige Verben
2.1 Verben auf -are
2.1.1 cantare *singen*

Indicativo

Presente	Imperfetto	Passato remoto	Futuro semplice
canto	cantavo	cantai	canterò
canti	cantavi	cantasti	canterai
canta	cantava	cantò	canterà
cantiamo	cantavamo	cantammo	canteremo
cantate	cantavate	cantaste	canterete
cantano	cantavano	cantarono	canteranno

Passato prossimo		Trapassato prossimo		Trapassato remoto		Futuro anteriore	
ho	cantato	avevo	cantato	ebbi	cantato	avrò	cantato
hai	cantato	avevi	cantato	avesti	cantato	avrai	cantato
ha	cantato	aveva	cantato	ebbe	cantato	avrà	cantato
abbiamo	cantato	avevamo	cantato	avemmo	cantato	avremo	cantato
avete	cantato	avevate	cantato	aveste	cantato	avrete	cantato
hanno	cantato	avevano	cantato	ebbero	cantato	avranno	cantato

Congiuntivo

Presente	Passato		Imperfetto	Trapassato	
canti	abbia	cantato	cantassi	avessi	cantato
canti	abbia	cantato	cantassi	avessi	cantato
canti	abbia	cantato	cantasse	avesse	cantato
cantiamo	abbiamo	cantato	cantassimo	avessimo	cantato
cantiate	abbiate	cantato	cantaste	aveste	cantato
cantino	abbiano	cantato	cantassero	avessero	cantato

Condizionale

Presente	Passato	
canterei	avrei	cantato
canteresti	avresti	cantato
canterebbe	avrebbe	cantato
canteremmo	avremmo	cantato
cantereste	avreste	cantato
canterebbero	avrebbero	cantato

Imperativo

Presente
–
canta
canti
cantiamo
cantate
cantino

Modi indefiniti

Presente	Passato
Infinito	
cantare	avere cantato
Gerundio	
cantando	avendo cantato
Participio	
cantante	cantato

2.1.2 abitare *wohnen*

▶ Bei einigen mehrsilbigen Verben werden die stammbetonten Formen auf der dritt- oder viertletzten Silbe betont.

Indicativo

Presente	Imperfetto	Passato remoto	Futuro semplice
abito	abitavo	abitai	abiterò
abiti	abitavi	abitasti	abiterai
abita	abitava	abitò	abiterà
abitiamo	abitavamo	abitammo	abiteremo
abitate	abitavate	abitaste	abiterete
abitano	abitavano	abitarono	abiteranno

Passato prossimo		Trapassato prossimo		Trapassato remoto		Futuro anteriore	
ho	abitato	avevo	abitato	ebbi	abitato	avrò	abitato
hai	abitato	avevi	abitato	avesti	abitato	avrai	abitato
ha	abitato	aveva	abitato	ebbe	abitato	avrà	abitato
abbiamo	abitato	avevamo	abitato	avemmo	abitato	avremo	abitato
avete	abitato	avevate	abitato	aveste	abitato	avrete	abitato
hanno	abitato	avevano	abitato	ebbero	abitato	avranno	abitato

Congiuntivo

Presente	Passato		Imperfetto	Trapassato	
abiti	abbia	abitato	abitassi	avessi	abitato
abiti	abbia	abitato	abitassi	avessi	abitato
abiti	abbia	abitato	abitasse	avesse	abitato
abitiamo	abbiamo	abitato	abitassimo	avessimo	abitato
abitiate	abbiate	abitato	abitaste	aveste	abitato
abitino	abbiano	abitato	abitassero	avessero	abitato

Condizionale

Presente	Passato	
abiterei	avrei	abitato
abiteresti	avresti	abitato
abiterebbe	avrebbe	abitato
abiteremmo	avremmo	abitato
abitereste	avreste	abitato
abiterebbero	avrebbero	abitato

Imperativo

Presente
–
abita
abiti
abitiamo
abitate
abitino

Modi indefiniti

Presente	Passato
Infinito	
abitare	avere abitato
Gerundio	
abitando	avendo abitato
Participio	
abitante	abitato

2.1.3 giocare (-care) *spielen*

▶ Bei Verben auf **-care** wird zur Erhaltung der Aussprache des Stammes ein **h** zwischen dem **-c-** des Stammes und dem **-e** bzw. dem **-i** der Endungen eingefügt: **-c-** + **-e** → **-che**; **-c-** + **-i** → **-chi**.

Indicativo

Presente	Imperfetto	Passato remoto	Futuro semplice
gioco	giocavo	giocai	giocherò
giochi	giocavi	giocasti	giocherai
gioca	giocava	giocò	giocherà
giochiamo	giocavamo	giocammo	giocheremo
giocate	giocavate	giocaste	giocherete
giocano	giocavano	giocarono	giocheranno

Passato prossimo		Trapassato prossimo		Trapassato remoto		Futuro anteriore	
ho	giocato	avevo	giocato	ebbi	giocato	avrò	giocato
hai	giocato	avevi	giocato	avesti	giocato	avrai	giocato
ha	giocato	aveva	giocato	ebbe	giocato	avrà	giocato
abbiamo	giocato	avevamo	giocato	avemmo	giocato	avremo	giocato
avete	giocato	avevate	giocato	aveste	giocato	avrete	giocato
hanno	giocato	avevano	giocato	ebbero	giocato	avranno	giocato

Congiuntivo

Presente	Passato		Imperfetto	Trapassato	
giochi	abbia	giocato	giocassi	avessi	giocato
giochi	abbia	giocato	giocassi	avessi	giocato
giochi	abbia	giocato	giocasse	avesse	giocato
giochiamo	abbiamo	giocato	giocassimo	avessimo	giocato
giochiate	abbiate	giocato	giocaste	aveste	giocato
giochino	abbiano	giocato	giocassero	avessero	giocato

Condizionale

Presente	Passato	
giocherei	avrei	giocato
giocheresti	avresti	giocato
giocherebbe	avrebbe	giocato
giocheremmo	avremmo	giocato
giochereste	avreste	giocato
giocherebbero	avrebbero	giocato

Imperativo

Presente
–
gioca
giochi
giochiamo
giocate
giochino

Modi indefiniti

Presente	Passato
Infinito	
giocare	avere giocato
Gerundio	
giocando	avendo giocato
Participio	
giocante	giocato

2.1.4   pagare (-gare) *bezahlen*

▶ Bei Verben auf **-gare** wird zur Erhaltung der Aussprache des Stammes ein **h** zwischen dem -g- des Stammes und dem -e bzw. dem -i der Endungen eingefügt: -g- + -e → **-ghe**; -g- + -i → **-ghi**.

Indicativo

Presente	Imperfetto	Passato remoto	Futuro semplice
pago	pagavo	pagai	pagherò
paghi	pagavi	pagasti	pagherai
paga	pagava	pagò	pagherà
paghiamo	pagavamo	pagammo	pagheremo
pagate	pagavate	pagaste	pagherete
pagano	pagavano	pagarono	pagheranno

Passato prossimo		Trapassato prossimo		Trapassato remoto		Futuro anteriore	
ho	pagato	avevo	pagato	ebbi	pagato	avrò	pagato
hai	pagato	avevi	pagato	avesti	pagato	avrai	pagato
ha	pagato	aveva	pagato	ebbe	pagato	avrà	pagato
abbiamo	pagato	avevamo	pagato	avemmo	pagato	avremo	pagato
avete	pagato	avevate	pagato	aveste	pagato	avrete	pagato
hanno	pagato	avevano	pagato	ebbero	pagato	avranno	pagato

Congiuntivo

Presente	Passato		Imperfetto	Trapassato	
paghi	abbia	pagato	pagassi	avessi	pagato
paghi	abbia	pagato	pagassi	avessi	pagato
paghi	abbia	pagato	pagasse	avesse	pagato
paghiamo	abbiamo	pagato	pagassimo	avessimo	pagato
paghiate	abbiate	pagato	pagaste	aveste	pagato
paghino	abbiano	pagato	pagassero	avessero	pagato

Condizionale

Presente	Passato	
pagherei	avrei	pagato
pagheresti	avresti	pagato
pagherebbe	avrebbe	pagato
pagheremmo	avremmo	pagato
paghereste	avreste	pagato
pagherebbero	avrebbero	pagato

Imperativo

Presente
–
paga
paghi
paghiamo
pagate
paghino

Modi indefiniti

Presente	Passato
Infinito	
pagare	avere pagato
Gerundio	
pagando	avendo pagato
Participio	
pagante	pagato

2.1.5 lanciare (-ciare) *werfen*

▶ Verben auf **-ciare** verlieren das **-i-** des Stammes vor dem **-e** bzw. dem **-i** der Endungen: **-ci- + -e → -ce**; **-ci- + -i → -ci**.

Indicativo

Presente	Imperfetto	Passato remoto	Futuro semplice
lancio	lanciavo	lanciai	lancerò
lanci	lanciavi	lanciasti	lancerai
lancia	lanciava	lanciò	lancerà
lanciamo	lanciavamo	lanciammo	lanceremo
lanciate	lanciavate	lanciaste	lancerete
lanciano	lanciavano	lanciarono	lanceranno

Passato prossimo		Trapassato prossimo		Trapassato remoto		Futuro anteriore	
ho	lanciato	avevo	lanciato	ebbi	lanciato	avrò	lanciato
hai	lanciato	avevi	lanciato	avesti	lanciato	avrai	lanciato
ha	lanciato	aveva	lanciato	ebbe	lanciato	avrà	lanciato
abbiamo	lanciato	avevamo	lanciato	avemmo	lanciato	avremo	lanciato
avete	lanciato	avevate	lanciato	aveste	lanciato	avrete	lanciato
hanno	lanciato	avevano	lanciato	ebbero	lanciato	avranno	lanciato

Congiuntivo

Presente	Passato		Imperfetto	Trapassato	
lanci	abbia	lanciato	lanciassi	avessi	lanciato
lanci	abbia	lanciato	lanciassi	avessi	lanciato
lanci	abbia	lanciato	lanciasse	avesse	lanciato
lanciamo	abbiamo	lanciato	lanciassimo	avessimo	lanciato
lanciate	abbiate	lanciato	lanciaste	aveste	lanciato
lancino	abbiano	lanciato	lanciassero	avessero	lanciato

Condizionale

Presente	Passato	
lancerei	avrei	lanciato
lanceresti	avresti	lanciato
lancerebbe	avrebbe	lanciato
lanceremmo	avremmo	lanciato
lancereste	avreste	lanciato
lancerebbero	avrebbero	lanciato

Imperativo

Presente
–
lancia
lanci
lanciamo
lanciate
lancino

Modi indefiniti

Presente	Passato
Infinito	
lanciare	avere lanciato
Gerundio	
lanciando	avendo lanciato
Participio	
lanciante	lanciato

2.1.6 mangiare (-giare) *essen*

▶ Verben auf **-giare** verlieren das **-i-** des Stammes vor dem **-e** bzw. dem **-i** der Endungen:
-gi- + **-e** → **-ge**; **-gi-** + **-i** → **-gi**.

Indicativo

Presente	Imperfetto	Passato remoto	Futuro semplice
mangio	mangiavo	mangiai	mangerò
mangi	mangiavi	mangiasti	mangerai
mangia	mangiava	mangiò	mangerà
mangiamo	mangiavamo	mangiammo	mangeremo
mangiate	mangiavate	mangiaste	mangerete
mangiano	mangiavano	mangiarono	mangeranno

Passato prossimo		Trapassato prossimo		Trapassato remoto		Futuro anteriore	
ho	mangiato	avevo	mangiato	ebbi	mangiato	avrò	mangiato
hai	mangiato	avevi	mangiato	avesti	mangiato	avrai	mangiato
ha	mangiato	aveva	mangiato	ebbe	mangiato	avrà	mangiato
abbiamo	mangiato	avevamo	mangiato	avemmo	mangiato	avremo	mangiato
avete	mangiato	avevate	mangiato	aveste	mangiato	avrete	mangiato
hanno	mangiato	avevano	mangiato	ebbero	mangiato	avranno	mangiato

Congiuntivo

Presente	Passato		Imperfetto	Trapassato	
mangi	abbia	mangiato	mangiassi	avessi	mangiato
mangi	abbia	mangiato	mangiassi	avessi	mangiato
mangi	abbia	mangiato	mangiasse	avesse	mangiato
mangiamo	abbiamo	mangiato	mangiassimo	avessimo	mangiato
mangiate	abbiate	mangiato	mangiaste	aveste	mangiato
mangino	abbiano	mangiato	mangiassero	avessero	mangiato

Condizionale

Presente	Passato	
mangerei	avrei	mangiato
mangeresti	avresti	mangiato
mangerebbe	avrebbe	mangiato
mangeremmo	avremmo	mangiato
mangereste	avreste	mangiato
mangerebbero	avrebbero	mangiato

Imperativo

Presente
–
mangia
mangi
mangiamo
mangiate
mangino

Modi indefiniti

Presente	Passato
Infinito	
mangiare	avere mangiato
Gerundio	
mangiando	avendo mangiato
Participio	
mangiante	mangiato

2.1.7 sbagliare (-gliare) *einen Fehler begehen*

▶ Verben auf **-gliare** verlieren das **-i-** des Stammes vor dem **-i** der Endungen: **-gli-** + **-i** → **-gli**.

Indicativo

Presente	Imperfetto	Passato remoto	Futuro semplice
sbaglio	sbagliavo	sbagliai	sbaglierò
sbagli	sbagliavi	sbagliasti	sbaglierai
sbaglia	sbagliava	sbagliò	sbaglierà
sbagliamo	sbagliavamo	sbagliammo	sbaglieremo
sbagliate	sbagliavate	sbagliaste	sbaglierete
sbagliano	sbagliavano	sbagliarono	sbaglieranno

Passato prossimo		Trapassato prossimo		Trapassato remoto		Futuro anteriore	
ho	sbagliato	avevo	sbagliato	ebbi	sbagliato	avrò	sbagliato
hai	sbagliato	avevi	sbagliato	avesti	sbagliato	avrai	sbagliato
ha	sbagliato	aveva	sbagliato	ebbe	sbagliato	avrà	sbagliato
abbiamo	sbagliato	avevamo	sbagliato	avemmo	sbagliato	avremo	sbagliato
avete	sbagliato	avevate	sbagliato	aveste	sbagliato	avrete	sbagliato
hanno	sbagliato	avevano	sbagliato	ebbero	sbagliato	avranno	sbagliato

Congiuntivo

Presente	Passato		Imperfetto	Trapassato	
sbagli	abbia	sbagliato	sbagliassi	avessi	sbagliato
sbagli	abbia	sbagliato	sbagliassi	avessi	sbagliato
sbagli	abbia	sbagliato	sbagliasse	avesse	sbagliato
sbagliamo	abbiamo	sbagliato	sbagliassimo	avessimo	sbagliato
sbagliate	abbiate	sbagliato	sbagliaste	aveste	sbagliato
sbaglino	abbiano	sbagliato	sbagliassero	avessero	sbagliato

Condizionale

Presente	Passato	
sbaglierei	avrei	sbagliato
sbaglieresti	avresti	sbagliato
sbaglierebbe	avrebbe	sbagliato
sbaglieremmo	avremmo	sbagliato
sbagliereste	avreste	sbagliato
sbaglierebbero	avrebbero	sbagliato

Imperativo

Presente
–
sbaglia
sbagli
sbagliamo
sbagliate
sbaglino

Modi indefiniti

Presente	Passato
Infinito	
sbagliare	avere sbagliato
Gerundio	
sbagliando	avendo sbagliato
Participio	
–	sbagliato

2.1.8 lasciare (-sciare) *lassen*

▶ Verben auf **-sciare** verlieren das **-i-** des Stammes vor dem **-e** bzw. dem **-i** der Endungen:
-sci- + -e → **-sce**; **-sci- + -i** → **-sci**.

Indicativo

Presente	Imperfetto	Passato remoto	Futuro semplice
lascio	lasciavo	lasciai	lascerò
lasci	lasciavi	lasciasti	lascerai
lascia	lasciava	lasciò	lascerà
lasciamo	lasciavamo	lasciammo	lasceremo
lasciate	lasciavate	lasciaste	lascerete
lasciano	lasciavano	lasciarono	lasceranno

Passato prossimo		Trapassato prossimo		Trapassato remoto		Futuro anteriore	
ho	lasciato	avevo	lasciato	ebbi	lasciato	avrò	lasciato
hai	lasciato	avevi	lasciato	avesti	lasciato	avrai	lasciato
ha	lasciato	aveva	lasciato	ebbe	lasciato	avrà	lasciato
abbiamo	lasciato	avevamo	lasciato	avemmo	lasciato	avremo	lasciato
avete	lasciato	avevate	lasciato	aveste	lasciato	avrete	lasciato
hanno	lasciato	avevano	lasciato	ebbero	lasciato	avranno	lasciato

Congiuntivo

Presente	Passato		Imperfetto	Trapassato	
lasci	abbia	lasciato	lasciassi	avessi	lasciato
lasci	abbia	lasciato	lasciassi	avessi	lasciato
lasci	abbia	lasciato	lasciasse	avesse	lasciato
lasciamo	abbiamo	lasciato	lasciassimo	avessimo	lasciato
lasciate	abbiate	lasciato	lasciaste	aveste	lasciato
lascino	abbiano	lasciato	lasciassero	avessero	lasciato

Condizionale

Presente	Passato	
lascerei	avrei	lasciato
lasceresti	avresti	lasciato
lascerebbe	avrebbe	lasciato
lasceremmo	avremmo	lasciato
lascereste	avreste	lasciato
lascerebbero	avrebbero	lasciato

Imperativo

Presente
–
lascia
lasci
lasciamo
lasciate
lascino

Modi indefiniti

Presente	Passato
Infinito	
lasciare	avere lasciato
Gerundio	
lasciando	avendo lasciato
Participio	
lasciante	lasciato

2.1.9 cambiare (-iare, *unbetont*) *ändern, wechseln*

▶ Verben auf **-iare** mit unbetontem **-i-** in der 1. Person Singular des **indicativo presente** (z. B. **cạmbio**) verlieren das unbetonte **-i-** des Stammes vor Endungen, die mit **-i-** beginnen **-i- + -i → -i**. **Beachte:** Hilfsverb → **avere** oder **ẹssere** (→ S. 12/13).

Indicativo

Presente	Imperfetto	Passato remoto	Futuro semplice
cambio	cambiavo	cambiai	cambierò
cambi	cambiavi	cambiasti	cambierai
cambia	cambiava	cambiò	cambierà
cambiamo	cambiavamo	cambiammo	cambieremo
cambiate	cambiavate	cambiaste	cambierete
cạmbiano	cambiạvano	cambiạrono	cambieranno

Passato prossimo		Trapassato prossimo		Trapassato remoto		Futuro anteriore	
ho	cambiato	avevo	cambiato	ebbi	cambiato	avrò	cambiato
hai	cambiato	avevi	cambiato	avesti	cambiato	avrai	cambiato
ha	cambiato	aveva	cambiato	ebbe	cambiato	avrà	cambiato
abbiamo	cambiato	avevamo	cambiato	avemmo	cambiato	avremo	cambiato
avete	cambiato	avevate	cambiato	aveste	cambiato	avrete	cambiato
hanno	cambiato	avẹvano	cambiato	ẹbbero	cambiato	avranno	cambiato

Congiuntivo

Presente	Passato		Imperfetto	Trapassato	
cambi	abbia	cambiato	cambiassi	avessi	cambiato
cambi	abbia	cambiato	cambiassi	avessi	cambiato
cambi	abbia	cambiato	cambiasse	avesse	cambiato
cambiamo	abbiamo	cambiato	cambiạssimo	avẹssimo	cambiato
cambiate	abbiate	cambiato	cambiaste	aveste	cambiato
cạmbino	ạbbiano	cambiato	cambiạssero	avẹssero	cambiato

Condizionale

Presente	Passato	
cambierei	avrei	cambiato
cambieresti	avresti	cambiato
cambierebbe	avrebbe	cambiato
cambieremmo	avremmo	cambiato
cambiereste	avreste	cambiato
cambierẹbbero	avrẹbbero	cambiato

Imperativo

Presente
–
cambia
cambi
cambiamo
cambiate
cạmbino

Modi indefiniti

Presente	Passato
Infinito	
cambiare	avere cambiato
Gerundio	
cambiando	avendo cambiato
Participio	
cambiante	cambiato

2.1.10 sciare (-iare, *betont*) *Schi fahren*

▶ Verben auf **-iare** mit betontem **-i-** in der 1. Person Singular des **indicativo presente**
(z. B. **sci̯o**) behalten das betonte **-i-** des Stammes vor Endungen, die mit **-i** beginnen:
-i̯- + **-i** → **-i̯i**; das unbetonte **-i-** hingegen entfällt: **-i** + **-i** → **-i**.

Indicativo

Presente	Imperfetto	Passato remoto	Futuro semplice
scio	sciavo	sciai	scierò
scii	sciavi	sciasti	scierai
scia	sciava	sciò	scierà
sciamo	sciavamo	sciammo	scieremo
sciate	sciavate	sciaste	scierete
sci̯ano	sci̯avano	sci̯arono	scieranno

Passato prossimo		Trapassato prossimo		Trapassato remoto		Futuro anteriore	
ho	sciato	avevo	sciato	ebbi	sciato	avrò	sciato
hai	sciato	avevi	sciato	avesti	sciato	avrai	sciato
ha	sciato	aveva	sciato	ebbe	sciato	avrà	sciato
abbiamo	sciato	avevamo	sciato	avemmo	sciato	avremo	sciato
avete	sciato	avevate	sciato	aveste	sciato	avrete	sciato
hanno	sciato	avevano	sciato	ebbero	sciato	avranno	sciato

Congiuntivo

Presente	Passato		Imperfetto	Trapassato	
scii	abbia	sciato	sciassi	avessi	sciato
scii	abbia	sciato	sciassi	avessi	sciato
scii	abbia	sciato	sciasse	avesse	sciato
sciamo	abbiamo	sciato	sciassimo	avessimo	sciato
sciate	abbiate	sciato	sciaste	aveste	sciato
sci̯ino	abbiano	sciato	sciassero	avessero	sciato

Condizionale

Presente	Passato	
scierei	avrei	sciato
scieresti	avresti	sciato
scierebbe	avrebbe	sciato
scieremmo	avremmo	sciato
sciereste	avreste	sciato
scierebbero	avrebbero	sciato

Imperativo

Presente
–
scia
scii
sciamo
sciate
sci̯ino

Modi indefiniti

Presente	Passato
Infinito	
sciare	avere sciato
Gerundio	
sciando	avendo sciato
Participio	
sciante	sciato

2.2 Verben auf -ere
2.2.1 vendere *verkaufen*

▶ Das **passato remoto** hat zwei Konjugationen. Verben auf **-tere** haben nur eine
Konjugation des **passato remoto** (Endungen: **-ei, -esti, -é, -emmo, -este, -ęrono**):
z. B. **bạt**tere *(schlagen)* → **battei, battesti, batté** ...

Indicativo

Presente	Imperfetto	Passato remoto	Futuro semplice
vend**o**	vend**evo**	vend**ei/-etti**	vend**erò**
vend**i**	vend**evi**	vend**esti**	vend**erai**
vend**e**	vend**eva**	vend**é/-ette**	vend**erà**
vend**iamo**	vend**evamo**	vend**emmo**	vend**eremo**
vend**ete**	vend**evate**	vend**este**	vend**erete**
vęnd**ono**	vend**ęvano**	vend**ęrono/-ęttero**	vend**eranno**

Passato prossimo		Trapassato prossimo		Trapassato remoto		Futuro anteriore	
ho	venduto	avevo	venduto	ebbi	venduto	avrò	venduto
hai	venduto	avevi	venduto	avesti	venduto	avrai	venduto
ha	venduto	aveva	venduto	ebbe	venduto	avrà	venduto
abbiamo	venduto	avevamo	venduto	avemmo	venduto	avremo	venduto
avete	venduto	avevate	venduto	aveste	venduto	avrete	venduto
hanno	venduto	avęvano	venduto	ębbero	venduto	avranno	venduto

Congiuntivo

Presente	Passato		Imperfetto	Trapassato	
vend**a**	abbia	venduto	vend**essi**	avessi	venduto
vend**a**	abbia	venduto	vend**essi**	avessi	venduto
vend**a**	abbia	venduto	vend**esse**	avesse	venduto
vend**iamo**	abbiamo	venduto	vend**ęssimo**	avęssimo	venduto
vend**iate**	abbiate	venduto	vend**este**	aveste	venduto
vęnd**ano**	ạbbiano	venduto	vend**ęssero**	avęssero	venduto

Condizionale

Presente	Passato	
vend**erei**	avrei	venduto
vend**eresti**	avresti	venduto
vend**erebbe**	avrebbe	venduto
vend**eremmo**	avremmo	venduto
vend**ereste**	avreste	venduto
vend**erębbero**	avrębbero	venduto

Imperativo

Presente
–
vend**i**
vend**a**
vend**iamo**
vend**ete**
vęnd**ano**

Modi indefiniti

Presente	Passato
Infinito	
vęnd**ere**	avere venduto
Gerundio	
vend**endo**	avendo venduto
Participio	
vend**ente**	vend**uto**

2.3 Verben auf -ire
2.3.1 sentire *(ohne Stammerweiterung)* *hören, fühlen*

▶ Das **participio presente** endet bei einigen Verben auf **-ente** und/oder **-iente**:
dormire *(schlafen)* → **dormente/dormiente**.

Indicativo

Presente	Imperfetto	Passato remoto	Futuro semplice
sento	sentivo	sentii	sentirò
senti	sentivi	sentisti	sentirai
sente	sentiva	sentì	sentirà
sentiamo	sentivamo	sentimmo	sentiremo
sentite	sentivate	sentiste	sentirete
sentono	sentivano	sentirono	sentiranno

Passato prossimo		Trapassato prossimo		Trapassato remoto		Futuro anteriore	
ho	sentito	avevo	sentito	ebbi	sentito	avrò	sentito
hai	sentito	avevi	sentito	avesti	sentito	avrai	sentito
ha	sentito	aveva	sentito	ebbe	sentito	avrà	sentito
abbiamo	sentito	avevamo	sentito	avemmo	sentito	avremo	sentito
avete	sentito	avevate	sentito	aveste	sentito	avrete	sentito
hanno	sentito	avevano	sentito	ebbero	sentito	avranno	sentito

Congiuntivo

Presente	Passato		Imperfetto	Trapassato	
senta	abbia	sentito	sentissi	avessi	sentito
senta	abbia	sentito	sentissi	avessi	sentito
senta	abbia	sentito	sentisse	avesse	sentito
sentiamo	abbiamo	sentito	sentissimo	avessimo	sentito
sentiate	abbiate	sentito	sentiste	aveste	sentito
sentano	abbiano	sentito	sentissero	avessero	sentito

Condizionale

Presente	Passato	
sentirei	avrei	sentito
sentiresti	avresti	sentito
sentirebbe	avrebbe	sentito
sentiremmo	avremmo	sentito
sentireste	avreste	sentito
sentirebbero	avrebbero	sentito

Imperativo

Presente
–
senti
senta
sentiamo
sentite
sentano

Modi indefiniti

Presente	Passato
Infinito	
sentire	avere sentito
Gerundio	
sentendo	avendo sentito
Participio	
sentente	sentito

2.3.2 preferire (*mit Stammerweiterung* -isc-) *bevorzugen*

▶ Das **participio presente** endet bei einigen Verben auf **-ente** und/oder **-iente**: **obbedire** (*gehorchen*) → **obbediente**. Zur Aussprache von **-sc- + -o/-a/-i/-e** → S. 14.

Indicativo

Presente	Imperfetto	Passato remoto	Futuro semplice
preferisco	preferivo	preferii	preferirò
preferisci	preferivi	preferisti	preferirai
preferisce	preferiva	preferì	preferirà
preferiamo	preferivamo	preferimmo	preferiremo
preferite	preferivate	preferiste	preferirete
preferiscono	preferivano	preferirono	preferiranno

Passato prossimo		Trapassato prossimo		Trapassato remoto		Futuro anteriore	
ho	preferito	avevo	preferito	ebbi	preferito	avrò	preferito
hai	preferito	avevi	preferito	avesti	preferito	avrai	preferito
ha	preferito	aveva	preferito	ebbe	preferito	avrà	preferito
abbiamo	preferito	avevamo	preferito	avemmo	preferito	avremo	preferito
avete	preferito	avevate	preferito	aveste	preferito	avrete	preferito
hanno	preferito	avevano	preferito	ebbero	preferito	avranno	preferito

Congiuntivo

Presente	Passato		Imperfetto	Trapassato	
preferisca	abbia	preferito	preferissi	avessi	preferito
preferisca	abbia	preferito	preferissi	avessi	preferito
preferisca	abbia	preferito	preferisse	avesse	preferito
preferiamo	abbiamo	preferito	preferissimo	avessimo preferito	
preferiate	abbiate	preferito	preferiste	aveste	preferito
preferiscano	abbiano	preferito	preferissero	avessero preferito	

Condizionale

Presente	Passato	
preferirei	avrei	preferito
preferiresti	avresti	preferito
preferirebbe	avrebbe	preferito
preferiremmo	avremmo	preferito
preferireste	avreste	preferito
preferirebbero	avrebbero preferito	

Imperativo

Presente
–
preferisci
preferisca
preferiamo
preferite
preferiscano

Modi indefiniti

Presente	Passato
Infinito	
preferire	avere preferito
Gerundio	
preferendo	avendo preferito
Participio	
preferente	preferito

2.3.3 cucire *nähen*

▶ Bei diesem Verb wird zur Erhaltung der Aussprache des Stammes ein **-i-** vor den Endungen auf **-a** und **-o** eingefügt.

Indicativo

Presente	Imperfetto	Passato remoto	Futuro semplice
cucio	cucivo	cucii	cucirò
cuci	cucivi	cucisti	cucirai
cuce	cuciva	cucì	cucirà
cuciamo	cucivamo	cucimmo	cuciremo
cucite	cucivate	cuciste	cucirete
cuciono	cucivano	cucirono	cuciranno

Passato prossimo		Trapassato prossimo		Trapassato remoto		Futuro anteriore	
ho	cucito	avevo	cucito	ebbi	cucito	avrò	cucito
hai	cucito	avevi	cucito	avesti	cucito	avrai	cucito
ha	cucito	aveva	cucito	ebbe	cucito	avrà	cucito
abbiamo	cucito	avevamo	cucito	avemmo	cucito	avremo	cucito
avete	cucito	avevate	cucito	aveste	cucito	avrete	cucito
hanno	cucito	avevano	cucito	ebbero	cucito	avranno	cucito

Congiuntivo

Presente	Passato		Imperfetto	Trapassato	
cucia	abbia	cucito	cucissi	avessi	cucito
cucia	abbia	cucito	cucissi	avessi	cucito
cucia	abbia	cucito	cucisse	avesse	cucito
cuciamo	abbiamo	cucito	cucissimo	avessimo	cucito
cuciate	abbiate	cucito	cuciste	aveste	cucito
cuciano	abbiano	cucito	cucissero	avessero	cucito

Condizionale

Presente	Passato	
cucirei	avrei	cucito
cuciresti	avresti	cucito
cucirebbe	avrebbe	cucito
cuciremmo	avremmo	cucito
cucireste	avreste	cucito
cucirebbero	avrebbero	cucito

Imperativo

Presente
–
cuci
cucia
cuciamo
cucite
cuciano

Modi indefiniti

Presente	Passato
Infinito	
cucire	avere cucito
Gerundio	
cucendo	avendo cucito
Participio	
cucente	cucito

2.3.4 fuggire *fliehen*

▶ Bei diesem Verb wird das **-g-** des Stammes vor den Endungen auf **-o/-a** wie [g] und vor den Endungen auf **-i/-e** wie [dsch] ausgesprochen (→ S. 13/14).

Indicativo

Presente	Imperfetto	Passato remoto	Futuro semplice
fuggo	fuggivo	fuggii	fuggirò
fuggi	fuggivi	fuggisti	fuggirai
fugge	fuggiva	fuggì	fuggirà
fuggiamo	fuggivamo	fuggimmo	fuggiremo
fuggite	fuggivate	fuggiste	fuggirete
fuggono	fuggivano	fuggirono	fuggiranno

Passato prossimo		Trapassato prossimo		Trapassato remoto		Futuro anteriore	
sono	fuggito/-a	ero	fuggito/-a	fui	fuggito/-a	sarò	fuggito/-a
sei	fuggito/-a	eri	fuggito/-a	fosti	fuggito/-a	sarai	fuggito/-a
è	fuggito/-a	era	fuggito/-a	fu	fuggito/-a	sarà	fuggito/-a
siamo	fuggiti/-e	eravamo	fuggiti/-e	fummo	fuggiti/-e	saremo	fuggiti/-e
siete	fuggiti/-e	eravate	fuggiti/-e	foste	fuggiti/-e	sarete	fuggiti/-e
sono	fuggiti/-e	erano	fuggiti/-e	furono	fuggiti/-e	saranno	fuggiti/-e

Congiuntivo

Presente	Passato		Imperfetto	Trapassato	
fugga	sia	fuggito/-a	fuggissi	fossi	fuggito/-a
fugga	sia	fuggito/-a	fuggissi	fossi	fuggito/-a
fugga	sia	fuggito/-a	fuggisse	fosse	fuggito/-a
fuggiamo	siamo	fuggiti/-e	fuggissimo	fossimo	fuggiti/-e
fuggiate	siate	fuggiti/-e	fuggiste	foste	fuggiti/-e
fuggano	siano	fuggiti/-e	fuggissero	fossero	fuggiti/-e

Condizionale

Presente	Passato	
fuggirei	sarei	fuggito/-a
fuggiresti	saresti	fuggito/-a
fuggirebbe	sarebbe	fuggito/-a
fuggiremmo	saremmo	fuggiti/-e
fuggireste	sareste	fuggiti/-e
fuggirebbero	sarebbero	fuggiti/-e

Imperativo

Presente
–
fuggi
fugga
fuggiamo
fuggite
fuggano

Modi indefiniti

Presente	Passato
Infinito	
fuggire	essere fuggito
Gerundio	
fuggendo	essendo fuggito
Participio	
fuggente	fuggito

2.4 Reflexive Verben
2.4.1 alzarsi (-arsi) *sich erheben, aufstehen*

▶ Die Verb-Endungen entsprechen der 1. Konjugation, die Reflexivpronomen **mi**, **ti**, **si**, **ci**, **vi**, **si** werden vorangestellt. **Beachte:** Hilfsverb → **ẹssere**.

Indicativo

Presente	Imperfetto	Passato remoto	Futuro semplice
mi alzo	mi alzavo	mi alzai	mi alzerò
ti alzi	ti alzavi	ti alzasti	ti alzerai
si alza	si alzava	si alzò	si alzerà
ci alziamo	ci alzavamo	ci alzammo	ci alzeremo
vi alzate	vi alzavate	vi alzaste	vi alzerete
si ạlzano	si alzạvano	si alzạrono	si alzeranno

Passato prossimo	Trapassato prossimo	Trapassato remoto	Futuro anteriore
mi sono alzato/-a	mi ero alzato/-a	mi fui alzato/-a	mi sarò alzato/-a
ti sei alzato/-a	ti eri alzato/-a	ti fosti alzato/-a	ti sarai alzato/-a
si è alzato/-a	si era alzato/-a	si fu alzato/-a	si sarà alzato/-a
ci siamo alzati/-e	ci eravamo alzati/-e	ci fummo alzati/-e	ci saremo alzati/-e
vi siete alzati/-e	vi eravate alzati/-e	vi foste alzati/-e	vi sarete alzati/-e
si sono alzati/-e	si ẹrano alzati/-e	si fụrono alzati/-e	si saranno alzati/-e

Congiuntivo

Presente	Passato	Imperfetto	Trapassato
mi alzi	mi sia alzato/-a	mi alzassi	mi fossi alzato/-a
ti alzi	ti sia alzato/-a	ti alzassi	ti fossi alzato/-a
si alzi	si sia alzato/-a	si alzasse	si fosse alzato/-a
ci alziamo	ci siamo alzati/-e	ci alzạssimo	ci fọssimo alzati/-e
vi alziate	vi siate alzati/-e	vi alzaste	vi foste alzati/-e
si ạlzino	si sịano alzati/-e	si alzạssero	si fọssero alzati/-e

Condizionale

Presente	Passato
mi alzerei	mi sarei alzato/-a
ti alzeresti	ti saresti alzato/-a
si alzerebbe	si sarebbe alzato/-a
ci alzeremmo	ci saremmo alzati/-e
vi alzereste	vi sareste alzati/-e
si alzerẹbbero	si sarẹbbero alzati/-e

Imperativo

Presente
–
ạlzati
si alzi
alziạmoci
alzạtevi
si ạlzino

Modi indefiniti

Presente	Passato
Infinito	
alzarsi	ẹssersi alzato
Gerundio	
alzạndosi	essẹndosi alzato
Participio	
(alzạntesi)	alzạtosi

2.4.2 ripẹtersi (-ersi) *sich wiederholen*

▶ Die Verb-Endungen entsprechen der 2. Konjugation, die Reflexivpronomen **mi**, **ti**, **si**, **ci**, **vi**, **si** werden vorangestellt. **Beachte:** Hilfsverb → ẹssere.

Indicativo

Presente	Imperfetto	Passato remoto	Futuro semplice
mi ripeto	mi ripetevo	mi ripetei	mi ripeterò
ti ripeti	ti ripetevi	ti ripetesti	ti ripeterai
si ripete	si ripeteva	si ripeté	si ripeterà
ci ripetiamo	ci ripetevamo	ci ripetemmo	ci ripeteremo
vi ripetete	vi ripetevate	vi ripeteste	vi ripeterete
si ripẹtono	si ripetẹvano	si ripetẹrono	si ripeteranno

Passato prossimo		Trapassato prossimo		Trapassato remoto		Futuro anteriore	
mi sono	ripetuto/-a	mi ero	ripetuto/-a	mi fui	ripetuto/-a	mi sarò	ripetuto/-a
ti sei	ripetuto/-a	ti eri	ripetuto/-a	ti fosti	ripetuto/-a	ti sarai	ripetuto/-a
si è	ripetuto/-a	si era	ripetuto/-a	si fu	ripetuto/-a	si sarà	ripetuto/-a
ci siamo	ripetuti/-e	ci eravamo	ripetuti/-e	ci fummo	ripetuti/-e	ci saremo	ripetuti/-e
vi siete	ripetuti/-e	vi eravate	ripetuti/-e	vi foste	ripetuti/-e	vi sarete	ripetuti/-e
si sono	ripetuti/-e	si ẹrano	ripetuti/-e	si fụrono	ripetuti/-e	si saranno	ripetuti/-e

Congiuntivo

Presente	Passato		Imperfetto	Trapassato	
mi ripeta	mi sia	ripetuto/-a	mi ripetessi	mi fossi	ripetuto/-a
ti ripeta	ti sia	ripetuto/-a	ti ripetessi	ti fossi	ripetuto/-a
si ripeta	si sia	ripetuto/-a	si ripetesse	si fosse	ripetuto/-a
ci ripetiamo	ci siamo	ripetuti/-e	ci ripetẹssimo	ci fọssimo	ripetuti/-e
vi ripetiate	vi siate	ripetuti/-e	vi ripeteste	vi foste	ripetuti/-e
si ripẹtano	si sịano	ripetuti/-e	si ripetẹssero	si fọssero	ripetuti/-e

Condizionale

Presente	Passato	
mi ripeterei	mi sarei	ripetuto/-a
ti ripeteresti	ti saresti	ripetuto/-a
si ripeterebbe	si sarebbe	ripetuto/-a
ci ripeteremmo	ci saremmo	ripetuti/-e
vi ripetereste	vi sareste	ripetuti/-e
si ripeterẹbbero	si sarẹbbero	ripetuti/-e

Imperativo

Presente
–
ripẹtiti
si ripeta
ripetiạmoci
ripetẹtevi
si ripẹtano

Modi indefiniti

Presente	Passato
Infinito	
ripẹtersi	ẹssersi ripetuto
Gerundio	
ripetẹndosi	essẹndosi ripetuto
Participio	
(ripetẹntesi) ripetụtosi	

2.4.3 vestirsi (-irsi) *sich anziehen*

▶ Die Verb-Endungen entsprechen der 3. Konjugation (ohne Stammerweiterung), die Reflexivpronomen **mi, ti, si, ci, vi, si** werden vorangestellt. **Beachte:** Hilfsverb → **essere.**

Indicativo

Presente	Imperfetto	Passato remoto	Futuro semplice
mi vesto	mi vestivo	mi vestii	mi vestirò
ti vesti	ti vestivi	ti vestisti	ti vestirai
si veste	si vestiva	si vestì	si vestirà
ci vestiamo	ci vestivamo	ci vestimmo	ci vestiremo
vi vestite	vi vestivate	vi vestiste	vi vestirete
si vestono	si vestivano	si vestirono	si vestiranno

Passato prossimo	Trapassato prossimo	Trapassato remoto	Futuro anteriore
mi sono vestito/-a	mi ero vestito/-a	mi fui vestito/-a	mi sarò vestito/-a
ti sei vestito/-a	ti eri vestito/-a	ti fosti vestito/-a	ti sarai vestito/-a
si è vestito/-a	si era vestito/-a	si fu vestito/-a	si sarà vestito/-a
ci siamo vestiti/-e	ci eravamo vestiti/-e	ci fummo vestiti/-e	ci saremo vestiti/-e
vi siete vestiti/-e	vi eravate vestiti/-e	vi foste vestiti/-e	vi sarete vestiti/-e
si sono vestiti/-e	si erano vestiti/-e	si furono vestiti/-e	si saranno vestiti/-e

Congiuntivo

Presente	Passato	Imperfetto	Trapassato
mi vesta	mi sia vestito/-a	mi vestissi	mi fossi vestito/-a
ti vesta	ti sia vestito/-a	ti vestissi	ti fossi vestito/-a
si vesta	si sia vestito/-a	si vestisse	si fosse vestito/-a
ci vestiamo	ci siamo vestiti/-e	ci vestissimo	ci fossimo vestiti/-e
vi vestiate	vi siate vestiti/-e	vi vestiste	vi foste vestiti/-e
si vestano	si siano vestiti/-e	si vestissero	si fossero vestiti/-e

Condizionale

Presente	Passato	
mi vestirei	mi sarei vestito/-a	
ti vestiresti	ti saresti vestito/-a	
si vestirebbe	si sarebbe vestito/-a	
ci vestiremmo	ci saremmo vestiti/-e	
vi vestireste	vi sareste vestiti/-e	
si vestirebbero	si sarebbero vestiti/-e	

Imperativo

Presente
–
vestiti
si vesta
vestiamoci
vestitevi
si vestano

Modi indefiniti

Presente	Passato
Infinito	
vestirsi	essersi vestito
Gerundio	
vestendosi	essendosi vestito
Participio	
(vestentesi) vestitosi	

2.4.4 pulirsi (-irsi) *sich reinigen*

▶ Die Verb-Endungen entsprechen der 3. Konjugation mit Stammerweiterung auf **-isc-**, die Reflexivpronomen **mi**, **ti**, **si**, **ci**, **vi**, **si** werden vorangestellt. **Beachte:** Hilfsverb → ẹssere.

Indicativo

Presente	Imperfetto	Passato remoto	Futuro semplice
mi pulisco	mi pulivo	mi pulii	mi pulirò
ti pulisci	ti pulivi	ti pulisti	ti pulirai
si pulisce	si puliva	si pulì	si pulirà
ci puliamo	ci pulivamo	ci pulimmo	ci puliremo
vi pulite	vi pulivate	vi puliste	vi pulirete
si pulịscono	si pulịvano	si pulịrono	si puliranno

Passato prossimo	Trapassato prossimo	Trapassato remoto	Futuro anteriore
mi sono pulito/-a	mi ero pulito/-a	mi fui pulito/-a	mi sarò pulito/-a
ti sei pulito/-a	ti eri pulito/-a	ti fosti pulito/-a	ti sarai pulito/-a
si è pulito/-a	si era pulito/-a	si fu pulito/-a	si sarà pulito/-a
ci siamo puliti/-e	ci eravamo puliti/-e	ci fummo puliti/-e	ci saremo puliti/-e
vi siete puliti/-e	vi eravate puliti/-e	vi foste puliti/-e	vi sarete puliti/-e
si sono puliti/-e	si ẹrano puliti/-e	si fụrono puliti/-e	si saranno puliti/-e

Congiuntivo

Presente	Passato	Imperfetto	Trapassato
mi pulisca	mi sia pulito/-a	mi pulissi	mi fossi pulito/-a
ti pulisca	ti sia pulito/-a	ti pulissi	ti fossi pulito/-a
si pulisca	si sia pulito/-a	si pulisse	si fosse pulito/-a
ci puliamo	ci siamo puliti/-e	ci pulịssimo	ci fọssimo puliti/-e
vi puliate	vi siate puliti/-e	vi puliste	vi foste puliti/-e
si pulịscano	si sịano puliti/-e	si pulịssero	si fọssero puliti/-e

Condizionale

Presente	Passato
mi pulirei	mi sarei pulito/-a
ti puliresti	ti saresti pulito/-a
si pulirebbe	si sarebbe pulito/-a
ci puliremmo	ci saremmo puliti/-e
vi pulireste	vi sareste puliti/-e
si pulirẹbbero	si sarẹbbero puliti/-e

Imperativo

Presente
–
pulịsciti
si pulisca
puliạmoci
pulịtevi
si pulịscano

Modi indefiniti

Presente	Passato
Infinito	
pulirsi	ẹssersi pulito
Gerundio	
pulẹndosi	essẹndosi pulito
Participio	
(pulẹntesi)	pulịtosi

3 Unregelmäßige Verben
3.1 Verben auf -are
3.1.1 andare *gehen*

▶ **Andare** wird auch zur Bildung des Passivs (→ 4.3) benutzt.

Indicativo

Presente	Imperfetto	Passato remoto	Futuro semplice
vado	andavo	andai	andrò
vai	andavi	andasti	andrai
va	andava	andò	andrà
andiamo	andavamo	andammo	andremo
andate	andavate	andaste	andrete
vanno	andavano	andarono	andranno

Passato prossimo	Trapassato prossimo	Trapassato remoto	Futuro anteriore
sono andato/-a	ero andato/-a	fui andato/-a	sarò andato/-a
sei andato/-a	eri andato/-a	fosti andato/-a	sarai andato/-a
è andato/-a	era andato/-a	fu andato/-a	sarà andato/-a
siamo andati/-e	eravamo andati/-e	fummo andati/-e	saremo andati/-e
siete andati/-e	eravate andati/-e	foste andati/-e	sarete andati/-e
sono andati/-e	erano andati/-e	furono andati/-e	saranno andati/-e

Congiuntivo

Presente	Passato	Imperfetto	Trapassato
vada	sia andato/-a	andassi	fossi andato/-a
vada	sia andato/-a	andassi	fossi andato/-a
vada	sia andato/-a	andasse	fosse andato/-a
andiamo	siamo andati/-e	andassimo	fossimo andati/-e
andiate	siate andati/-e	andaste	foste andati/-e
vadano	siano andati/-e	andassero	fossero andati/-e

Condizionale

Presente	Passato
andrei	sarei andato/-a
andresti	saresti andato/-a
andrebbe	sarebbe andato/-a
andremmo	saremmo andati/-e
andreste	sareste andati/-e
andrebbero	sarebbero andati/-e

Imperativo

Presente
–
va'/vai
vada
andiamo
andate
vadano

Modi indefiniti

Presente	Passato
Infinito	
andare	essere andato
Gerundio	
andando	essendo andato
Participio	
andante	andato

3.1.2 dare *geben*

Indicativo

Presente	Imperfetto	Passato remoto	Futuro semplice
do	davo	diedi/detti	darò
dai	davi	desti	darai
dà	dava	diede/dette	darà
diamo	davamo	demmo	daremo
date	davate	deste	darete
danno	davano	diedero/dettero	daranno

Passato prossimo	Trapassato prossimo	Trapassato remoto	Futuro anteriore
ho dato	avevo dato	ebbi dato	avrò dato
hai dato	avevi dato	avesti dato	avrai dato
ha dato	aveva dato	ebbe dato	avrà dato
abbiamo dato	avevamo dato	avemmo dato	avremo dato
avete dato	avevate dato	aveste dato	avrete dato
hanno dato	avevano dato	ebbero dato	avranno dato

Congiuntivo

Presente	Passato	Imperfetto	Trapassato
dia	abbia dato	dessi	avessi dato
dia	abbia dato	dessi	avessi dato
dia	abbia dato	desse	avesse dato
diamo	abbiamo dato	dessimo	avessimo dato
diate	abbiate dato	deste	aveste dato
diano	abbiano dato	dessero	avessero dato

Condizionale

Presente	Passato
darei	avrei dato
daresti	avresti dato
darebbe	avrebbe dato
daremmo	avremmo dato
dareste	avreste dato
darebbero	avrebbero dato

Imperativo

Presente
–
da'/dai
dia
diamo
date
diano

Modi indefiniti

Presente	Passato
Infinito	
dare	avere dato
Gerundio	
dando	avendo dato
Participio	
dante	dato

3.1.3   disfare *auseinander nehmen, auflösen*

▶ Zusammengesetztes Verb aus **dis** + **fare**: die unregelmäßigen Formen stammen von **fare** (→ 3.1.4), einige Zeiten haben aber auch regelmäßige Formen.

Indicativo

Presente	Imperfetto	Passato remoto	Futuro semplice
disfo/disfaccio	disfacevo	disfeci	disferò/disfarò
disfi/disfai	disfacevi	disfacesti	disferai/disfarai
disfa/disfà	disfaceva	disfece	disferà/disfarà
disfiamo/disfacciamo	disfacevamo	disfacemmo	disferemo/disfaremo
disfate	disfacevate	disfaceste	disferete/disfarete
disfano/disfanno	disfacevano	disfecero	disferanno/disfaranno

Passato prossimo		Trapassato prossimo		Trapassato remoto		Futuro anteriore	
ho	disfatto	avevo	disfatto	ebbi	disfatto	avrò	disfatto
hai	disfatto	avevi	disfatto	avesti	disfatto	avrai	disfatto
ha	disfatto	aveva	disfatto	ebbe	disfatto	avrà	disfatto
abbiamo	disfatto	avevamo	disfatto	avemmo	disfatto	avremo	disfatto
avete	disfatto	avevate	disfatto	aveste	disfatto	avrete	disfatto
hanno	disfatto	avevano	disfatto	ebbero	disfatto	avranno	disfatto

Congiuntivo

Presente	Passato		Imperfetto	Trapassato	
disfi/disfaccia	abbia	disfatto	disfacessi	avessi	disfatto
disfi/disfaccia	abbia	disfatto	disfacessi	avessi	disfatto
disfi/disfaccia	abbia	disfatto	disfacesse	avesse	disfatto
disfiamo/disfacciamo	abbiamo	disfatto	disfacessimo	avessimo	disfatto
disfiate/disfacciate	abbiate	disfatto	disfaceste	aveste	disfatto
disfino/disfacciano	abbiano	disfatto	disfacessero	avessero	disfatto

Condizionale   Imperativo Modi indefiniti

Presente	Passato		Presente	Presente	Passato
disferei/disfarei	avrei	disfatto	–	**Infinito**	
disferesti/disfaresti	avresti	disfatto	disfa	disfare	avere disfatto
disferebbe/disfarebbe	avrebbe	disfatto	disfi	**Gerundio**	
disferemmo/disfaremmo	avremmo	disfatto	disfiamo	disfacendo avendo disfatto	
disfereste/disfareste	avreste	disfatto	disfate	**Participio**	
disferebbero/disfarebbero	avrebbero	disfatto	disfino	disfacente disfatto	

3.1.4 fare machen, tun

▶ Verkürzte Form von **fạcere**: einige Verbformen haben deshalb den Stamm **fac-**.

Indicativo

Presente	Imperfetto	Passato remoto	Futuro semplice
faccio	facevo	feci	farò
fai	facevi	facesti	farai
fa	faceva	fece	farà
facciamo	facevamo	facemmo	faremo
fate	facevate	faceste	farete
fanno	facẹvano	fẹcero	faranno

Passato prossimo		Trapassato prossimo		Passato remoto		Futuro anteriore	
ho	fatto	avevo	fatto	ebbi	fatto	avrò	fatto
hai	fatto	avevi	fatto	avesti	fatto	avrai	fatto
ha	fatto	aveva	fatto	ebbe	fatto	avrà	fatto
abbiamo	fatto	avevamo	fatto	avemmo	fatto	avremo	fatto
avete	fatto	avevate	fatto	aveste	fatto	avrete	fatto
hanno	fatto	avẹvano	fatto	ẹbbero	fatto	avranno	fatto

Congiuntivo

Presente	Passato		Imperfetto	Trapassato	
faccia	abbia	fatto	facessi	avessi	fatto
faccia	abbia	fatto	facessi	avessi	fatto
faccia	abbia	fatto	facesse	avesse	fatto
facciamo	abbiamo	fatto	facẹssimo	avẹssimo	fatto
facciate	abbiate	fatto	faceste	aveste	fatto
fạcciano	ạbbiano	fatto	facẹssero	avẹssero	fatto

Condizionale

Presente	Passato	
farei	avrei	fatto
faresti	avresti	fatto
farebbe	avrebbe	fatto
faremmo	avremmo	fatto
fareste	avreste	fatto
farẹbbero	avrẹbbero	fatto

Imperativo

Presente
–
fa'/fai
faccia
facciamo
fate
fạcciano

Modi indefiniti

Presente	Passato
Infinito	
fare	avere fatto
Gerundio	
facendo	avendo fatto
Participio	
facente	fatto

3.1.5   stare *bleiben*

Indicativo

Presente	Imperfetto	Passato remoto	Futuro semplice
sto	stavo	stetti	starò
stai	stavi	stesti	starai
sta	stava	stette	starà
stiamo	stavamo	stemmo	staremo
state	stavate	steste	starete
stanno	stavano	stettero	staranno

Passato prossimo	Trapassato prossimo	Trapassato remoto	Futuro anteriore
sono stato/-a	ero stato/-a	fui stato/-a	sarò stato/-a
sei stato/-a	eri stato/-a	fosti stato/-a	sarai stato/-a
è stato/-a	era stato/-a	fu stato/-a	sarà stato/-a
siamo stati/-e	eravamo stati/-e	fummo stati/-e	saremo stati/-e
siete stati/-e	eravate stati/-e	foste stati/-e	sarete stati/-e
sono stati/-e	erano stati/-e	furono stati/-e	saranno stati/-e

Congiuntivo

Presente	Passato	Imperfetto	Trapassato
stia	sia stato/-a	stessi	fossi stato/-a
stia	sia stato/-a	stessi	fossi stato/-a
stia	sia stato/-a	stesse	fosse stato/-a
stiamo	siamo stati/-e	stessimo	fossimo stati/-e
stiate	siate stati/-e	steste	foste stati/-e
stiano	siano stati/-e	stessero	fossero stati/-e

Condizionale

Presente	Passato
starei	sarei stato/-a
staresti	saresti stato/-a
starebbe	sarebbe stato/-a
staremmo	saremmo stati/-e
stareste	sareste stati/-e
starebbero	sarebbero stati/-e

Imperativo

Presente
–
sta'/stai
stia
stiamo
state
stiano

Modi indefiniti

Presente	Passato
Infinito	
stare	essere stato
Gerundio	
stando	essendo stato
Participio	
stante	stato

3.2 Verben auf -ere
3.2.1 bere *trinken*

▶ Verkürzte Form von **bevere**: die meisten Verbformen haben deshalb den Stamm **bev-**.

Indicativo

Presente	Imperfetto	Passato remoto	Futuro semplice
bevo	bevevo	bevvi	berrò
bevi	bevevi	bevesti	berrai
beve	beveva	bevve	berrà
beviamo	bevevamo	bevemmo	berremo
bevete	bevevate	beveste	berrete
bevono	bevevano	bevvero	berranno

Passato prossimo		Trapassato prossimo		Trapassato remoto		Futuro anteriore	
ho	bevuto	avevo	bevuto	ebbi	bevuto	avrò	bevuto
hai	bevuto	avevi	bevuto	avesti	bevuto	avrai	bevuto
ha	bevuto	aveva	bevuto	ebbe	bevuto	avrà	bevuto
abbiamo	bevuto	avevamo	bevuto	avemmo	bevuto	avremo	bevuto
avete	bevuto	avevate	bevuto	aveste	bevuto	avrete	bevuto
hanno	bevuto	avevano	bevuto	ebbero	bevuto	avranno	bevuto

Congiuntivo

Presente	Passato		Imperfetto	Trapassato	
beva	abbia	bevuto	bevessi	avessi	bevuto
beva	abbia	bevuto	bevessi	avessi	bevuto
beva	abbia	bevuto	bevesse	avesse	bevuto
beviamo	abbiamo	bevuto	bevessimo	avessimo	bevuto
beviate	abbiate	bevuto	beveste	aveste	bevuto
bevano	abbiano	bevuto	bevessero	avessero	bevuto

Condizionale

Presente	Passato	
berrei	avrei	bevuto
berresti	avresti	bevuto
berrebbe	avrebbe	bevuto
berremmo	avremmo	bevuto
berreste	avreste	bevuto
berrebbero	avrebbero	bevuto

Imperativo

Presente
–
bevi
beva
beviamo
bevete
bevano

Modi indefiniti

Presente	Passato
Infinito	
bere	avere bevuto
Gerundio	
bevendo	avendo bevuto
Participio	
bevente	bevuto

3.2.2 cadere *fallen*

Indicativo

Presente	Imperfetto	Passato remoto	Futuro semplice
cado	cadevo	caddi	cadrò
cadi	cadevi	cadesti	cadrai
cade	cadeva	cadde	cadrà
cadiamo	cadevamo	cademmo	cadremo
cadete	cadevate	cadeste	cadrete
cadono	cadevano	caddero	cadranno

Passato prossimo	Trapassato prossimo	Trapassato remoto	Futuro anteriore
sono caduto/-a	ero caduto/-a	fui caduto/-a	sarò caduto/-a
sei caduto/-a	eri caduto/-a	fosti caduto/-a	sarai caduto/-a
è caduto/-a	era caduto/-a	fu caduto/-a	sarà caduto/-a
siamo caduti/-e	eravamo caduti/-e	fummo caduti/-e	saremo caduti/-e
siete caduti/-e	eravate caduti/-e	foste caduti/-e	sarete caduti/-e
sono caduti/-e	erano caduti/-e	furono caduti/-e	saranno caduti/-e

Congiuntivo

Presente	Passato	Imperfetto	Trapassato
cada	sia caduto/-a	cadessi	fossi caduto/-a
cada	sia caduto/-a	cadessi	fossi caduto/-a
cada	sia caduto/-a	cadesse	fosse caduto/-a
cadiamo	siamo caduti/-e	cadessimo	fossimo caduti/-e
cadiate	siate caduti/-e	cadeste	foste caduti/-e
cadano	siano caduti/-e	cadessero	fossero caduti/-e

Condizionale | Imperativo | Modi indefiniti

Presente	Passato	Presente	Presente Passato
cadrei	sarei caduto/-a	–	**Infinito**
cadresti	saresti caduto/-a	cadi	cadere essere caduto
cadrebbe	sarebbe caduto/-a	cada	**Gerundio**
cadremmo	saremmo caduti/-e	cadiamo	cadendo essendo caduto
cadreste	sareste caduti/-e	cadete	**Participio**
cadrebbero	sarebbero caduti/-e	cadano	cadente caduto

3.2.3 chiędere *fragen*

Indicativo

Presente	Imperfetto	Passato remoto	Futuro semplice
chiedo	chiedevo	chiesi	chiederò
chiedi	chiedevi	chiedesti	chiederai
chiede	chiedeva	chiese	chiederà
chiediamo	chiedevamo	chiedemmo	chiederemo
chiedete	chiedevate	chiedeste	chiederete
chiędono	chiedęvano	chięsero	chiederanno

Passato prossimo	Trapassato prossimo	Trapassato remoto	Futuro anteriore
ho chiesto	avevo chiesto	ebbi chiesto	avrò chiesto
hai chiesto	avevi chiesto	avesti chiesto	avrai chiesto
ha chiesto	aveva chiesto	ebbe chiesto	avrà chiesto
abbiamo chiesto	avevamo chiesto	avemmo chiesto	avremo chiesto
avete chiesto	avevate chiesto	aveste chiesto	avrete chiesto
hanno chiesto	avęvano chiesto	ębbero chiesto	avranno chiesto

Congiuntivo

Presente	Passato	Imperfetto	Trapassato
chieda	abbia chiesto	chiedessi	avessi chiesto
chieda	abbia chiesto	chiedessi	avessi chiesto
chieda	abbia chiesto	chiedesse	avesse chiesto
chiediamo	abbiamo chiesto	chiedęssimo	avęssimo chiesto
chiediate	abbiate chiesto	chiedeste	aveste chiesto
chiędano	ąbbiano chiesto	chiedęssero	avęssero chiesto

Condizionale

Presente	Passato
chiederei	avrei chiesto
chiederesti	avresti chiesto
chiederebbe	avrebbe chiesto
chiederemmo	avremmo chiesto
chiedereste	avreste chiesto
chiederębbero	avrębbero chiesto

Imperativo

Presente
–
chiedi
chieda
chiediamo
chiedete
chiędano

Modi indefiniti

Presente	Passato
Infinito	
chiędere	avere chiesto
Gerundio	
chiedendo	avendo chiesto
Participio	
chiedente	chiesto

3.2.4 chiụdere *schließen*

Indicativo

Presente	Imperfetto	Passato remoto	Futuro semplice
chiudo	chiudevo	chiusi	chiuderò
chiudi	chiudevi	chiudesti	chiuderai
chiude	chiudeva	chiuse	chiuderà
chiudiamo	chiudevamo	chiudemmo	chiuderemo
chiudete	chiudevate	chiudeste	chiuderete
chiụdono	chiudẹvano	chiụsero	chiuderanno

Passato prossimo		Trapassato prossimo		Trapassato remoto		Futuro anteriore	
ho	chiuso	avevo	chiuso	ebbi	chiuso	avrò	chiuso
hai	chiuso	avevi	chiuso	avesti	chiuso	avrai	chiuso
ha	chiuso	aveva	chiuso	ebbe	chiuso	avrà	chiuso
abbiamo	chiuso	avevamo	chiuso	avemmo	chiuso	avremo	chiuso
avete	chiuso	avevate	chiuso	aveste	chiuso	avrete	chiuso
hanno	chiuso	avẹvano	chiuso	ẹbbero	chiuso	avranno	chiuso

Congiuntivo

Presente	Passato		Imperfetto	Trapassato	
chiuda	abbia	chiuso	chiudessi	avessi	chiuso
chiuda	abbia	chiuso	chiudessi	avessi	chiuso
chiuda	abbia	chiuso	chiudesse	avesse	chiuso
chiudiamo	abbiamo	chiuso	chiudẹssimo	avẹssimo	chiuso
chiudiate	abbiate	chiuso	chiudeste	aveste	chiuso
chiụdano	ạbbiano	chiuso	chiudẹssero	avẹssero	chiuso

Condizionale

Presente	Passato	
chiuderei	avrei	chiuso
chiuderesti	avresti	chiuso
chiuderebbe	avrebbe	chiuso
chiuderemmo	avremmo	chiuso
chiudereste	avreste	chiuso
chiuderẹbbero	avrẹbbero	chiuso

Imperativo

Presente
–
chiudi
chiuda
chiudiamo
chiudete
chiụdano

Modi indefiniti

Presente	Passato
Infinito	
chiụdere	avere chiuso
Gerundio	
chiudendo	avendo chiuso
Participio	
chiudente	chiuso

3.2.5 cogliere *pflücken*

Indicativo

Presente	Imperfetto	Passato remoto	Futuro semplice
colgo	coglievo	colsi	coglierò
cogli	coglievi	cogliesti	coglierai
coglie	coglieva	colse	coglierà
cogliamo	coglievamo	cogliemmo	coglieremo
cogliete	coglievate	coglieste	coglierete
colgono	coglievano	colsero	coglieranno

Passato prossimo		Trapassato prossimo		Trapassato remoto		Futuro anteriore	
ho	colto	avevo	colto	ebbi	colto	avrò	colto
hai	colto	avevi	colto	avesti	colto	avrai	colto
ha	colto	aveva	colto	ebbe	colto	avrà	colto
abbiamo	colto	avevamo	colto	avemmo	colto	avremo	colto
avete	colto	avevate	colto	aveste	colto	avrete	colto
hanno	colto	avevano	colto	ebbero	colto	avranno	colto

Congiuntivo

Presente	Passato		Imperfetto	Trapassato	
colga	abbia	colto	cogliessi	avessi	colto
colga	abbia	colto	cogliessi	avessi	colto
colga	abbia	colto	cogliesse	avesse	colto
cogliamo	abbiamo	colto	cogliessimo	avessimo	colto
cogliate	abbiate	colto	coglieste	aveste	colto
colgano	abbiano	colto	cogliessero	avessero	colto

Condizionale

Presente	Passato	
coglierei	avrei	colto
coglieresti	avresti	colto
coglierebbe	avrebbe	colto
coglieremmo	avremmo	colto
cogliereste	avreste	colto
coglierebbero	avrebbero	colto

Imperativo

Presente
–
cogli
colga
cogliamo
cogliete
colgano

Modi indefiniti

Presente	Passato
Infinito	
cogliere	avere colto
Gerundio	
cogliendo	avendo colto
Participio	
cogliente	colto

3.2.6   cọmpiere *vollenden*

Indicativo

Presente	Imperfetto	Passato remoto	Futuro semplice
compio	compivo	compii	compirò
compi	compivi	compisti	compirai
compie	compiva	compì	compirà
compiamo	compivamo	compimmo	compiremo
compite	compivate	compiste	compirete
cọmpiono	compịvano	compịrono	compiranno

Passato prossimo		Trapassato prossimo		Trapassato remoto		Futuro anteriore	
ho	compiuto	avevo	compiuto	ebbi	compiuto	avrò	compiuto
hai	compiuto	avevi	compiuto	avesti	compiuto	avrai	compiuto
ha	compiuto	aveva	compiuto	ebbe	compiuto	avrà	compiuto
abbiamo	compiuto	avevamo	compiuto	avemmo	compiuto	avremo	compiuto
avete	compiuto	avevate	compiuto	aveste	compiuto	avrete	compiuto
hanno	compiuto	avẹvano	compiuto	ẹbbero	compiuto	avranno	compiuto

Congiuntivo

Presente	Passato		Imperfetto	Trapassato	
compia	abbia	compiuto	compissi	avessi	compiuto
compia	abbia	compiuto	compissi	avessi	compiuto
compia	abbia	compiuto	compisse	avesse	compiuto
compiamo	abbiamo	compiuto	compịssimo	avẹssimo	compiuto
compiate	abbiate	compiuto	compiste	aveste	compiuto
cọmpiano	ạbbiano	compiuto	compịssero	avẹssero	compiuto

Condizionale

Presente	Passato	
compirei	avrei	compiuto
compiresti	avresti	compiuto
compirebbe	avrebbe	compiuto
compiremmo	avremmo	compiuto
compireste	avreste	compiuto
compirẹbbero	avrẹbbero	compiuto

Imperativo

Presente
–
compi
compia
compiamo
compite
cọmpiano

Modi indefiniti

Presente	Passato
Infinito	
cọmpiere	avere compiuto
Gerundio	
compiendo	avendo compiuto
Participio	
compiente	compiuto

3.2.7 condurre *führen*

▶ Verkürzte Form von **condu̱cere**: viele Verbformen haben deshalb den Stamm **conduc-**.

Indicativo

Presente	Imperfetto	Passato remoto	Futuro semplice
conduco	conducevo	condussi	condurrò
conduci	conducevi	conducesti	condurrai
conduce	conduceva	condusse	condurrà
conduciamo	conducevamo	conducemmo	condurremo
conducete	conducevate	conduceste	condurrete
condu̱cono	conduce̱vano	condu̱ssero	condurranno

Passato prossimo		Trapassato prossimo		Trapassato remoto		Futuro anteriore	
ho	condotto	avevo	condotto	ebbi	condotto	avrò	condotto
hai	condotto	avevi	condotto	avesti	condotto	avrai	condotto
ha	condotto	aveva	condotto	ebbe	condotto	avrà	condotto
abbiamo	condotto	avevamo	condotto	avemmo	condotto	avremo	condotto
avete	condotto	avevate	condotto	aveste	condotto	avrete	condotto
hanno	condotto	ave̱vano	condotto	e̱bbero	condotto	avranno	condotto

Congiuntivo

Presente	Passato		Imperfetto	Trapassato	
conduca	abbia	condotto	conducessi	avessi	condotto
conduca	abbia	condotto	conducessi	avessi	condotto
conduca	abbia	condotto	conducesse	avesse	condotto
conduciamo	abbiamo	condotto	conduce̱ssimo	ave̱ssimo	condotto
conduciate	abbiate	condotto	conduceste	aveste	condotto
condu̱cano	a̱bbiano	condotto	conduce̱ssero	ave̱ssero	condotto

Condizionale

Presente	Passato	
condurrei	avrei	condotto
condurresti	avresti	condotto
condurrebbe	avrebbe	condotto
condurremmo	avremmo	condotto
condurreste	avreste	condotto
condurre̱bbero	avre̱bbero	condotto

Imperativo

Presente
–
conduci
conduca
conduciamo
conducete
condu̱cano

Modi indefiniti

Presente	Passato
Infinito	
condurre	avere condotto
Gerundio	
conducendo	avendo condotto
Participio	
conducente	condotto

3.2.8 conoscere *kennen, kennen lernen*

▶ Zur Aussprache von **-sc-** + **-o**, **-a**, **-i**, **-e** → S. 14.

Indicativo

Presente	Imperfetto	Passato remoto	Futuro semplice
conosco	conoscevo	conobbi	conoscerò
conosci	conoscevi	conoscesti	conoscerai
conosce	conosceva	conobbe	conoscerà
conosciamo	conoscevamo	conoscemmo	conosceremo
conoscete	conoscevate	conosceste	conoscerete
conoscono	conoscevano	conobbero	conosceranno

Passato prossimo	Trapassato prossimo	Trapassato remoto	Futuro anteriore
ho conosciuto	avevo conosciuto	ebbi conosciuto	avrò conosciuto
hai conosciuto	avevi conosciuto	avesti conosciuto	avrai conosciuto
ha conosciuto	aveva conosciuto	ebbe conosciuto	avrà conosciuto
abbiamo conosciuto	avevamo conosciuto	avemmo conosciuto	avremo conosciuto
avete conosciuto	avevate conosciuto	aveste conosciuto	avrete conosciuto
hanno conosciuto	avevano conosciuto	ebbero conosciuto	avranno conosciuto

Congiuntivo

Presente	Passato	Imperfetto	Trapassato
conosca	abbia conosciuto	conoscessi	avessi conosciuto
conosca	abbia conosciuto	conoscessi	avessi conosciuto
conosca	abbia conosciuto	conoscesse	avesse conosciuto
conosciamo	abbiamo conosciuto	conoscessimo	avessimo conosciuto
conosciate	abbiate conosciuto	conosceste	aveste conosciuto
conoscano	abbiano conosciuto	conoscessero	avessero conosciuto

Condizionale

Presente	Passato
conoscerei	avrei conosciuto
conosceresti	avresti conosciuto
conoscerebbe	avrebbe conosciuto
conosceremmo	avremmo conosciuto
conoscereste	avreste conosciuto
conoscerebbero	avrebbero conosciuto

Imperativo

Presente
–
conosci
conosca
conosciamo
conoscete
conoscano

Modi indefiniti

Presente	Passato
Infinito	
conoscere	avere conosciuto
Gerundio	
conoscendo	avendo conosciuto
Participio	
conoscente	conosciuto

3.2.9 cuocere *kochen*

▶ Das **-u-** kann bei einigen Formen auch weggelassen werden: z. B. **cuociamo** oder **cociamo** (*wir kochen*). Zur Erhaltung der Aussprache des Stammes [tsch] wird ein **-i-** vor den Endungen auf **-a/-o** eingeschoben: **-cia/-cio**.

Indicativo

Presente	Imperfetto	Passato remoto	Futuro semplice
cuocio	c(u)ocevo	cossi	c(u)ocerò
cuoci	c(u)ocevi	c(u)ocesti	c(u)ocerai
cuoce	c(u)oceva	cosse	c(u)ocerà
c(u)ociamo	c(u)ocevamo	c(u)ocemmo	c(u)oceremo
c(u)ocete	c(u)ocevate	c(u)oceste	c(u)ocerete
cuociono	c(u)ocevano	cossero	c(u)oceranno

Passato prossimo	Trapassato prossimo	Trapassato remoto	Futuro anteriore
ho cotto	avevo cotto	ebbi cotto	avrò cotto
hai cotto	avevi cotto	avesti cotto	avrai cotto
ha cotto	aveva cotto	ebbe cotto	avrà cotto
abbiamo cotto	avevamo cotto	avemmo cotto	avremo cotto
avete cotto	avevate cotto	aveste cotto	avrete cotto
hanno cotto	avevano cotto	ebbero cotto	avranno cotto

Congiuntivo

Presente	Passato	Imperfetto	Trapassato
cuocia	abbia cotto	c(u)ocessi	avessi cotto
cuocia	abbia cotto	c(u)ocessi	avessi cotto
cuocia	abbia cotto	c(u)ocesse	avesse cotto
c(u)ociamo	abbiamo cotto	c(u)ocessimo	avessimo cotto
c(u)ociate	abbiate cotto	c(u)oceste	aveste cotto
cuociano	abbiano cotto	c(u)ocessero	avessero cotto

Condizionale

Presente	Passato	
c(u)ocerei		avrei
c(u)oceresti	avresti cotto	
c(u)ocerebbe	avrebbe cotto	
c(u)oceremmo	avremmo cotto	
c(u)ocereste	avreste cotto	
c(u)ocerebbero	avrebbero cotto	

Imperativo

Presente
cotto –
cuoci
cuocia
c(u)ociamo
c(u)ocete
cuociano

Modi indefiniti

Presente	Passato
Infinito	
cuocere	avere cotto
Gerundio	
c(u)ocendo	avendo cotto
Participio	
cocente	cotto

3.2.10 dolersi *bedauern*

▶ Es gibt auch das Verb **dolere** (*schmerzen, bedauern*), dessen zusammengesetzte Zeiten mit **ẹssere** oder **avere** gebildet werden: z. B. **è/ha doluto**. **Dolere** wird normalerweise nur in der 3. Person Singular oder Plural gebraucht.

Indicativo

Presente	Imperfetto	Passato remoto	Futuro semplice
mi dolgo	mi dolevo	mi dolsi	mi dorrò
ti duoli	ti dolevi	ti dolesti	ti dorrai
si duole	si doleva	si dolse	si dorrà
ci doliamo/dogliamo	ci dolevamo	ci dolemmo	ci dorremo
vi dolete	vi dolevate	vi doleste	vi dorrete
si dọlgono	si dolẹvano	si dọlsero	si dorranno

Passato prossimo	Trapassato prossimo	Trapassato remoto	Futuro anteriore
mi sono doluto/-a	mi ero doluto/-a	mi fui doluto/-a	mi sarò doluto/-a
ti sei doluto/-a	ti eri doluto/-a	ti fosti doluto/-a	ti sarai doluto/-a
si è doluto/-a	si era doluto/-a	si fu doluto/-a	si sarà doluto/-a
ci siamo doluti/-e	ci eravamo doluti/-e	ci fummo doluti/-e	ci saremo doluti/-e
vi siete doluti/-e	vi eravate doluti/-e	vi foste doluti/-e	vi sarete doluti/-e
si sono doluti/-e	si ẹrano doluti/-e	si fụrono doluti/-e	si saranno doluti/-e

Congiuntivo

Presente	Passato	Imperfetto	Trapassato
mi dolga	mi sia doluto/-a	mi dolessi	mi fossi doluto/-a
ti dolga	ti sia doluto/-a	ti dolessi	ti fossi doluto/-a
si dolga	si sia doluto/-a	si dolesse	si fosse doluto/-a
ci doliamo/dogliamo	ci siamo doluti/-e	ci dolẹssimo	ci fọssimo doluti/-e
vi doliate/dogliate	vi siate doluti/-e	vi doleste	vi foste doluti/-e
si dọlgano	si siano doluti/-e	si dolẹssero	si fọssero doluti/-e

Condizionale

Presente	Passato		
mi dorrei	mi sarei	doluto/-a	
ti dorresti	ti saresti	doluto/-a	
si dorrebbe	si sarebbe	doluto/-a	
ci dorremmo	ci saremmo	doluti/-e	
vi dorreste	vi sareste	doluti/-e	
si dorrẹbbero	si sarẹbbero	doluti/-e	

Imperativo

Presente
–
duọliti
si dolga
doliạmoci/dogliạmoci
dolẹtevi
si dọlgano

Modi indefiniti

Presente	Passato
Infinito	
dolersi	ẹssersi doluto
Gerundio	
dolẹndosi	essẹndosi doluto
Participio	
dolẹnte(si) dolụtosi	

3.2.11 dovere *müssen, sollen*

▶ Modalverb: wird es in Verbindung mit einem Infinitiv gebraucht, bildet **dovere** die zusammengesetzten Zeiten mit **essere** oder **avere** (→ S. 12).

Indicativo

Presente	Imperfetto	Passato remoto	Futuro semplice
devo/debbo	dovevo	dovei/-etti	dovrò
devi	dovevi	dovesti	dovrai
deve	doveva	dové/-ette	dovrà
dobbiamo	dovevamo	dovemmo	dovremo
dovete	dovevate	doveste	dovrete
devono/debbono	dovevano	doverono/-ettero	dovranno

Passato prossimo	Trapassato prossimo	Trapassato remoto	Futuro anteriore
ho dovuto	avevo dovuto	ebbi dovuto	avrò dovuto
hai dovuto	avevi dovuto	avesti dovuto	avrai dovuto
ha dovuto	aveva dovuto	ebbe dovuto	avrà dovuto
abbiamo dovuto	avevamo dovuto	avemmo dovuto	avremo dovuto
avete dovuto	avevate dovuto	aveste dovuto	avrete dovuto
hanno dovuto	avevano dovuto	ebbero dovuto	avranno dovuto

Congiuntivo

Presente	Passato	Imperfetto	Trapassato
debba/deva	abbia dovuto	dovessi	avessi dovuto
debba/deva	abbia dovuto	dovessi	avessi dovuto
debba/deva	abbia dovuto	dovesse	avesse dovuto
dobbiamo	abbiamo dovuto	dovessimo	avessimo dovuto
dobbiate	abbiate dovuto	doveste	aveste dovuto
debbano/devano	abbiano dovuto	dovessero	avessero dovuto

Condizionale

Presente	Passato
dovrei	avrei dovuto
dovresti	avresti dovuto
dovrebbe	avrebbe dovuto
dovremmo	avremmo dovuto
dovreste	avreste dovuto
dovrebbero	avrebbero dovuto

Imperativo

Presente
–
–
–
–
–
–

Modi indefiniti

Presente	Passato
Infinito	
dovere	avere dovuto
Gerundio	
dovendo	avendo dovuto
Participio	
dovente	dovuto

3.2.12 godere *genießen*

Indicativo

Presente	Imperfetto	Passato remoto	Futuro semplice
godo	godevo	godei/-etti	godrò
godi	godevi	godesti	godrai
gode	godeva	godé/-ette	godrà
godiamo	godevamo	godemmo	godremo
godete	godevate	godeste	godrete
godono	godevano	goderono/-ettero	godranno

Passato prossimo		Trapassato prossimo		Trapassato remoto		Futuro anteriore	
ho	goduto	avevo	goduto	ebbi	goduto	avrò	goduto
hai	goduto	avevi	goduto	avesti	goduto	avrai	goduto
ha	goduto	aveva	goduto	ebbe	goduto	avrà	goduto
abbiamo	goduto	avevamo	goduto	avemmo	goduto	avremo	goduto
avete	goduto	avevate	goduto	aveste	goduto	avrete	goduto
hanno	goduto	avevano	goduto	ebbero	goduto	avranno	goduto

Congiuntivo

Presente	Passato		Imperfetto	Trapassato	
goda	abbia	goduto	godessi	avessi	goduto
goda	abbia	goduto	godessi	avessi	goduto
goda	abbia	goduto	godesse	avesse	goduto
godiamo	abbiamo	goduto	godessimo	avessimo	goduto
godiate	abbiate	goduto	godeste	aveste	goduto
godano	abbiano	goduto	godessero	avessero	goduto

Condizionale

Presente	Passato	
godrei	avrei	goduto
godresti	avresti	goduto
godrebbe	avrebbe	goduto
godremmo	avremmo	goduto
godreste	avreste	goduto
godrebbero	avrebbero	goduto

Imperativo

Presente
–
godi
goda
godiamo
godete
godano

Modi indefiniti

Presente	Passato
Infinito	
godere	avere goduto
Gerundio	
godendo	avendo goduto
Participio	
godente	goduto

3.2.13 lęggere *lesen*

▶ Verben auf **-gere** ändern die Aussprache des **-g-** je nach der Endung: **-g-** + **-a/-o** wird [g] ausgesprochen, z. B. **leggo**; **-g-** + **-e/-i** wird [dsch] ausgesprochen, z. B. **leggi** (→ auch S. 13/14).

Indicativo

Presente	Imperfetto	Passato remoto	Futuro semplice
leggo	leggevo	lessi	leggerò
leggi	leggevi	leggesti	leggerai
legge	leggeva	lesse	leggerà
leggiamo	leggevamo	leggemmo	leggeremo
leggete	leggevate	leggeste	leggerete
lęggono	leggęvano	lęssero	leggeranno

Passato prossimo		Trapassato prossimo		Trapassato remoto		Futuro anteriore	
ho	letto	avevo	letto	ebbi	letto	avrò	letto
hai	letto	avevi	letto	avesti	letto	avrai	letto
ha	letto	aveva	letto	ebbe	letto	avrà	letto
abbiamo	letto	avevamo	letto	avemmo	letto	avremo	letto
avete	letto	avevate	letto	aveste	letto	avrete	letto
hanno	letto	avęvano	letto	ębbero	letto	avranno	letto

Congiuntivo

Presente	Passato		Imperfetto	Trapassato	
legga	abbia	letto	leggessi	avessi	letto
legga	abbia	letto	leggessi	avessi	letto
legga	abbia	letto	leggesse	avesse	letto
leggiamo	abbiamo	letto	leggęssimo	avęssimo	letto
leggiate	abbiate	letto	leggeste	aveste	letto
lęggano	ąbbiano	letto	leggęssero	avęssero	letto

Condizionale

Presente	Passato	
leggerei	avrei	letto
leggeresti	avresti	letto
leggerebbe	avrebbe	letto
leggeremmo	avremmo	letto
leggereste	avreste	letto
leggerębbero	avrębbero	letto

Imperativo

Presente
–
leggi
legga
leggiamo
leggete
lęggano

Modi indefiniti

Presente	Passato
Infinito	
lęggere	avere letto
Gerundio	
leggendo	avendo letto
Participio	
leggente	letto

3.2.14 mettere *legen, stellen, setzen*

Indicativo

Presente	Imperfetto	Passato remoto	Futuro semplice
metto	mettevo	misi	metterò
metti	mettevi	mettesti	metterai
mette	metteva	mise	metterà
mettiamo	mettevamo	mettemmo	metteremo
mettete	mettevate	metteste	metterete
mettono	mettevano	misero	metteranno

Passato prossimo		Trapassato prossimo		Trapassato remoto		Futuro anteriore	
ho	messo	avevo	messo	ebbi	messo	avrò	messo
hai	messo	avevi	messo	avesti	messo	avrai	messo
ha	messo	aveva	messo	ebbe	messo	avrà	messo
abbiamo	messo	avevamo	messo	avemmo	messo	avremo	messo
avete	messo	avevate	messo	aveste	messo	avrete	messo
hanno	messo	avevano	messo	ebbero	messo	avranno	messo

Congiuntivo

Presente	Passato		Imperfetto	Trapassato	
metta	abbia	messo	mettessi	avessi	messo
metta	abbia	messo	mettessi	avessi	messo
metta	abbia	messo	mettesse	avesse	messo
mettiamo	abbiamo	messo	mettessimo	avessimo	messo
mettiate	abbiate	messo	metteste	aveste	messo
mettano	abbiano	messo	mettessero	avessero	messo

Condizionale

Presente	Passato	
metterei	avrei	messo
metteresti	avresti	messo
metterebbe	avrebbe	messo
metteremmo	avremmo	messo
mettereste	avreste	messo
metterebbero	avrebbero	messo

Imperativo

Presente
–
metti
metta
mettiamo
mettete
mettano

Modi indefiniti

Presente	Passato
Infinito	
mettere	avere messo
Gerundio	
mettendo	avendo messo
Participio	
–	messo

3.2.15 muovere *bewegen*

▶ Das **-u-** kann bei einigen Formen auch weggelassen werden: z. B. **muoviamo** oder **moviamo** (*wir bewegen*).

Indicativo

Presente	Imperfetto	Passato remoto	Futuro semplice
muovo	m(u)ovevo	mossi	m(u)overò
muovi	m(u)ovevi	m(u)ovesti	m(u)overai
muove	m(u)oveva	mosse	m(u)overà
m(u)oviamo	m(u)ovevamo	m(u)ovemmo	m(u)overemo
m(u)ovete	m(u)ovevate	m(u)oveste	m(u)overete
muovono	m(u)ovevano	mossero	m(u)overanno

Passato prossimo		Trapassato prossimo		Trapassato remoto		Futuro anteriore	
ho	mosso	avevo	mosso	ebbi	mosso	avrò	mosso
hai	mosso	avevi	mosso	avesti	mosso	avrai	mosso
ha	mosso	aveva	mosso	ebbe	mosso	avrà	mosso
abbiamo	mosso	avevamo	mosso	avemmo	mosso	avremo	mosso
avete	mosso	avevate	mosso	aveste	mosso	avrete	mosso
hanno	mosso	avevano	mosso	ebbero	mosso	avranno	mosso

Congiuntivo

Presente	Passato		Imperfetto	Trapassato	
muova	abbia	mosso	m(u)ovessi	avessi	mosso
muova	abbia	mosso	m(u)ovessi	avessi	mosso
muova	abbia	mosso	m(u)ovesse	avesse	mosso
m(u)oviamo	abbiamo	mosso	m(u)ovessimo	avessimo	mosso
m(u)oviate	abbiate	mosso	m(u)oveste	aveste	mosso
muovano	abbiano	mosso	m(u)ovessero	avessero	mosso

Condizionale

Presente	Passato	
m(u)overei	avrei	mosso
m(u)overesti	avresti	mosso
m(u)overebbe	avrebbe	mosso
m(u)overemmo	avremmo	mosso
m(u)overeste	avreste	mosso
m(u)overebbero	avrebbero	mosso

Imperativo

Presente
–
muovi
muova
m(u)oviamo
m(u)ovete
muovano

Modi indefiniti

Presente	Passato
Infinito	
muovere	avere mosso
Gerundio	
m(u)ovendo	avendo mosso
Participio	
movente	mosso

3.2.16 nuocere *schaden*

▶ Das **-u-** kann bei den meisten Formen auch weggelassen werden: z. B. **nuociamo** oder **nociamo** (*wir schaden*).

Indicativo

Presente	Imperfetto	Passato remoto	Futuro semplice
n(u)occio	n(u)ocevo	nocqui	n(u)ocerò
nuoci	n(u)ocevi	n(u)ocesti	n(u)ocerai
nuoce	n(u)oceva	nocque	n(u)ocerà
n(u)ociamo	n(u)ocevamo	n(u)ocemmo	n(u)oceremo
n(u)ocete	n(u)ocevate	n(u)oceste	n(u)ocerete
n(u)occiono	n(u)ocevano	nocquero	n(u)oceranno

Passato prossimo		Trapassato prossimo		Trapassato remoto		Futuro anteriore	
ho	n(u)ociuto	avevo	n(u)ociuto	ebbi	n(u)ociuto	avrò	n(u)ociuto
hai	n(u)ociuto	avevi	n(u)ociuto	avesti	n(u)ociuto	avrai	n(u)ociuto
ha	n(u)ociuto	aveva	n(u)ociuto	ebbe	n(u)ociuto	avrà	n(u)ociuto
abbiamo	n(u)ociuto	avevamo	n(u)ociuto	avemmo	n(u)ociuto	avremo	n(u)ociuto
avete	n(u)ociuto	avevate	n(u)ociuto	aveste	n(u)ociuto	avrete	n(u)ociuto
hanno	n(u)ociuto	avevano	n(u)ociuto	ebbero	n(u)ociuto	avranno	n(u)ociuto

Congiuntivo

Presente	Passato		Imperfetto	Trapassato	
n(u)occia	abbia	n(u)ociuto	n(u)ocessi	avessi	n(u)ociuto
n(u)occia	abbia	n(u)ociuto	n(u)ocessi	avessi	n(u)ociuto
n(u)occia	abbia	n(u)ociuto	n(u)ocesse	avesse	n(u)ociuto
n(u)ociamo	abbiamo	n(u)ociuto	n(u)ocessimo	avessimo	n(u)ociuto
n(u)ociate	abbiate	n(u)ociuto	n(u)oceste	aveste	n(u)ociuto
n(u)occiano	abbiano	n(u)ociuto	n(u)ocessero	avessero	n(u)ociuto

Condizionale

Presente	Passato	
n(u)ocerei	avrei	n(u)ociuto
n(u)oceresti	avresti	n(u)ociuto
n(u)ocerebbe	avrebbe	n(u)ociuto
n(u)oceremmo	avremmo	n(u)ociuto
n(u)ocereste	avreste	n(u)ociuto
n(u)ocerebbero	avrebbero	n(u)ociuto

Imperativo

Presente
–
nuoci
n(u)occia
n(u)ociamo
n(u)ocete
n(u)occiano

Modi indefiniti

Presente	Passato
Infinito	
nuocere	avere n(u)ociuto
Gerundio	
n(u)ocendo	avendo n(u)ociuto
Participio	
nocente	n(u)ociuto

3.2.17 parere *scheinen*

Indicativo

Presente	Imperfetto	Passato remoto	Futuro semplice
paio	parevo	parvi	parrò
pari	parevi	paresti	parrai
pare	pareva	parve	parrà
paiamo	parevamo	paremmo	parremo
parete	parevate	pareste	parrete
paiono	parevano	parvero	parranno

Passato prossimo	Trapassato prossimo	Trapassato remoto	Futuro anteriore
sono parso/-a	ero parso/-a	fui parso/-a	sarò parso/-a
sei parso/-a	eri parso/-a	fosti parso/-a	sarai parso/-a
è parso/-a	era parso/-a	fu parso/-a	sarà parso/-a
siamo parsi/-e	eravamo parsi/-e	fummo parsi/-e	saremo parsi/-e
siete parsi/-e	eravate parsi/-e	foste parsi/-e	sarete parsi/-e
sono parsi/-e	erano parsi/-e	furono parsi/-e	saranno parsi/-e

Congiuntivo

Presente	Passato	Imperfetto	Trapassato
paia	sia parso/-a	paressi	fossi parso/-a
paia	sia parso/-a	paressi	fossi parso/-a
paia	sia parso/-a	paresse	fosse parso/-a
paiamo	siamo parsi/-e	paressimo	fossimo parsi/-e
paiate	siate parsi/-e	pareste	foste parsi/-e
paiano	siano parsi/-e	paressero	fossero parsi/-e

Condizionale

Presente	Passato
parrei	sarei parso/-a
parresti	saresti parso/-a
parrebbe	sarebbe parso/-a
parremmo	saremmo parsi/-e
parreste	sareste parsi/-e
parrebbero	sarebbero parsi/-e

Imperativo

Presente
–
–
–
–
–
–

Modi indefiniti

Presente	Passato
Infinito	
parere	essere parso
Gerundio	
parendo	essendo parso
Participio	
parvente	parso

3.2.18 piacere *gefallen*

Indicativo

Presente	Imperfetto	Passato remoto	Futuro semplice
piaccio	piacevo	piacqui	piacerò
piaci	piacevi	piacesti	piacerai
piace	piaceva	piacque	piacerà
piac(c)iamo	piacevamo	piacemmo	piaceremo
piacete	piacevate	piaceste	piacerete
piacciono	piacevano	piacquero	piaceranno

Passato prossimo	Trapassato prossimo	Trapassato remoto	Futuro anteriore
sono piaciuto/-a	ero piaciuto/-a	fui piaciuto/-a	sarò piaciuto/-a
sei piaciuto/-a	eri piaciuto/-a	fosti piaciuto/-a	sarai piaciuto/-a
è piaciuto/-a	era piaciuto/-a	fu piaciuto/-a	sarà piaciuto/-a
siamo piaciuti/-e	eravamo piaciuti/-e	fummo piaciuti/-e	saremo piaciuti/-e
siete piaciuti/-e	eravate piaciuti/-e	foste piaciuti/-e	sarete piaciuti/-e
sono piaciuti/-e	erano piaciuti/-e	furono piaciuti/-e	saranno piaciuti/-e

Congiuntivo

Presente	Passato	Imperfetto	Trapassato
piaccia	sia piaciuto/-a	piacessi	fossi piaciuto/-a
piaccia	sia piaciuto/-a	piacessi	fossi piaciuto/-a
piaccia	sia piaciuto/-a	piacesse	fosse piaciuto/-a
piac(c)iamo	siamo piaciuti/-e	piacessimo	fossimo piaciuti/-e
piac(c)iate	siate piaciuti/-e	piaceste	foste piaciuti/-e
piacciano	siano piaciuti/-e	piacessero	fossero piaciuti/-e

Condizionale

Presente	Passato
piacerei	sarei piaciuto/-a
piaceresti	saresti piaciuto/-a
piacerebbe	sarebbe piaciuto/-a
piaceremmo	saremmo piaciuti/-e
piacereste	sareste piaciuti/-e
piacerebbero	sarebbero piaciuti/-e

Imperativo

Presente
–
piaci
piaccia
piacciamo
piacete
piacciano

Modi indefiniti

Presente	Passato
Infinito	
piacere	essere piaciuto
Gerundio	
piacendo	essendo piaciuto
Participio	
piacente	piaciuto

3.2.19 piangere *weinen*

▶ Verben auf **-gere** ändern die Aussprache des **-g-** je nach der Endung: **-g- + -a/-o** wird [g] ausgesprochen, z. B. **piango**; **-g- + -e/-i** wird [dsch] ausgesprochen, z. B. **piangi** (→ auch S. 13/14).

Indicativo

Presente	Imperfetto	Passato remoto	Futuro semplice
piango	piangevo	piansi	piangerò
piangi	piangevi	piangesti	piangerai
piange	piangeva	pianse	piangerà
piangiamo	piangevamo	piangemmo	piangeremo
piangete	piangevate	piangeste	piangerete
piangono	piangevano	piansero	piangeranno

Passato prossimo		Trapassato prossimo		Trapassato remoto		Futuro anteriore	
ho	pianto	avevo	pianto	ebbi	pianto	avrò	pianto
hai	pianto	avevi	pianto	avesti	pianto	avrai	pianto
ha	pianto	aveva	pianto	ebbe	pianto	avrà	pianto
abbiamo	pianto	avevamo	pianto	avemmo	pianto	avremo	pianto
avete	pianto	avevate	pianto	aveste	pianto	avrete	pianto
hanno	pianto	avevano	pianto	ebbero	pianto	avranno	pianto

Congiuntivo

Presente	Passato		Imperfetto	Trapassato	
pianga	abbia	pianto	piangessi	avessi	pianto
pianga	abbia	pianto	piangessi	avessi	pianto
pianga	abbia	pianto	piangesse	avesse	pianto
piangiamo	abbiamo	pianto	piangessimo	avessimo	pianto
piangiate	abbiate	pianto	piangeste	aveste	pianto
piangano	abbiano	pianto	piangessero	avessero	pianto

Condizionale

Presente	Passato	
piangerei	avrei	pianto
piangeresti	avresti	pianto
piangerebbe	avrebbe	pianto
piangeremmo	avremmo	pianto
piangereste	avreste	pianto
piangerebbero	avrebbero	pianto

Imperativo

Presente
–
piangi
pianga
piangiamo
piangete
piangano

Modi indefiniti

Presente	Passato
Infinito	
piangere	avere pianto
Gerundio	
piangendo	avendo pianto
Participio	
piangente	pianto

3.2.20 porre *legen, setzen, stellen*

▶ Verkürzte Form von **ponere**: viele Verbformen haben deshalb den Stamm **pon-**.

Indicativo

Presente	Imperfetto	Passato remoto	Futuro semplice
pongo	ponevo	posi	porrò
poni	ponevi	ponesti	porrai
pone	poneva	pose	porrà
poniamo	ponevamo	ponemmo	porremo
ponete	ponevate	poneste	porrete
pongono	ponevano	posero	porranno

Passato prossimo		Trapassato prossimo		Trapassato remoto		Futuro anteriore	
ho	posto	avevo	posto	ebbi	posto	avrò	posto
hai	posto	avevi	posto	avesti	posto	avrai	posto
ha	posto	aveva	posto	ebbe	posto	avrà	posto
abbiamo	posto	avevamo	posto	avemmo	posto	avremo	posto
avete	posto	avevate	posto	aveste	posto	avrete	posto
hanno	posto	avevano	posto	ebbero	posto	avranno	posto

Congiuntivo

Presente	Passato		Imperfetto	Trapassato	
ponga	abbia	posto	ponessi	avessi	posto
ponga	abbia	posto	ponessi	avessi	posto
ponga	abbia	posto	ponesse	avesse	posto
poniamo	abbiamo	posto	ponessimo	avessimo	posto
poniate	abbiate	posto	poneste	aveste	posto
pongano	abbiano	posto	ponessero	avessero	posto

Condizionale

Presente	Passato	
porrei	avrei	posto
porresti	avresti	posto
porrebbe	avrebbe	posto
porremmo	avremmo	posto
porreste	avreste	posto
porrebbero	avrebbero	posto

Imperativo

Presente
–
poni
ponga
poniamo
ponete
pongano

Modi indefiniti

Presente	Passato
Infinito	
porre	avere posto
Gerundio	
ponendo	avendo posto
Participio	
ponente	posto

3.2.21 potere *können, dürfen*

▶ Modalverb: wird es in Verbindung mit einem Infinitiv gebraucht, bildet **potere** die zusammengesetzten Zeiten mit **essere** oder **avere** (→ S. 12).

Indicativo

Presente	Imperfetto	Passato remoto	Futuro semplice
posso	potevo	potei	potrò
puoi	potevi	potesti	potrai
può	poteva	poté	potrà
possiamo	potevamo	potemmo	potremo
potete	potevate	poteste	potrete
possono	potevano	poterono	potranno

Passato prossimo		Trapassato prossimo		Trapassato remoto		Futuro anteriore	
ho	potuto	avevo	potuto	ebbi	potuto	avrò	potuto
hai	potuto	avevi	potuto	avesti	potuto	avrai	potuto
ha	potuto	aveva	potuto	ebbe	potuto	avrà	potuto
abbiamo	potuto	avevamo	potuto	avemmo	potuto	avremo	potuto
avete	potuto	avevate	potuto	aveste	potuto	avrete	potuto
hanno	potuto	avevano	potuto	ebbero	potuto	avranno	potuto

Congiuntivo

Presente	Passato		Imperfetto	Trapassato	
possa	abbia	potuto	potessi	avessi	potuto
possa	abbia	potuto	potessi	avessi	potuto
possa	abbia	potuto	potesse	avesse	potuto
possiamo	abbiamo	potuto	potessimo	avessimo	potuto
possiate	abbiate	potuto	poteste	aveste	potuto
possano	abbiano	potuto	potessero	avessero	potuto

Condizionale

Presente	Passato	
potrei	avrei	potuto
potresti	avresti	potuto
potrebbe	avrebbe	potuto
potremmo	avremmo	potuto
potreste	avreste	potuto
potrebbero	avrebbero	potuto

Imperativo

Presente
–
–
–
–
–
–

Modi indefiniti

Presente	Passato
Infinito	
potere	avere potuto
Gerundio	
potendo	avendo potuto
Participio	
potente	potuto

3.2.22 prendere *nehmen*

Indicativo

Presente	Imperfetto	Passato remoto	Futuro semplice
prendo	prendevo	presi	prenderò
prendi	prendevi	prendesti	prenderai
prende	prendeva	prese	prenderà
prendiamo	prendevamo	prendemmo	prenderemo
prendete	prendevate	prendeste	prenderete
prendono	prendevano	presero	prenderanno

Passato prossimo		Trapassato prossimo		Trapassato remoto		Futuro anteriore	
ho	preso	avevo	preso	ebbi	preso	avrò	preso
hai	preso	avevi	preso	avesti	preso	avrai	preso
ha	preso	aveva	preso	ebbe	preso	avrà	preso
abbiamo	preso	avevamo	preso	avemmo	preso	avremo	preso
avete	preso	avevate	preso	aveste	preso	avrete	preso
hanno	preso	avevano	preso	ebbero	preso	avranno	preso

Congiuntivo

Presente	Passato		Imperfetto	Trapassato	
prenda	abbia	preso	prendessi	avessi	preso
prenda	abbia	preso	prendessi	avessi	preso
prenda	abbia	preso	prendesse	avesse	preso
prendiamo	abbiamo	preso	prendessimo	avessimo	preso
prendiate	abbiate	preso	prendeste	aveste	preso
prendano	abbiano	preso	prendessero	avessero	preso

Condizionale

Presente	Passato	
prenderei	avrei	preso
prenderesti	avresti	preso
prenderebbe	avrebbe	preso
prenderemmo	avremmo	preso
prendereste	avreste	preso
prenderebbero	avrebbero	preso

Imperativo

Presente
–
prendi
prenda
prendiamo
prendete
prendano

Modi indefiniti

Presente	Passato
Infinito	
prendere	avere preso
Gerundio	
prendendo	avendo preso
Participio	
prendente	preso

3.2.23 ridere *lachen*

Indicativo

Presente	Imperfetto	Passato remoto	Futuro semplice
rido	ridevo	risi	riderò
ridi	ridevi	ridesti	riderai
ride	rideva	rise	riderà
ridiamo	ridevamo	ridemmo	rideremo
ridete	ridevate	rideste	riderete
ridono	ridevano	risero	rideranno

Passato prossimo	Trapassato prossimo	Trapassato remoto	Futuro anteriore
ho riso	avevo riso	ebbi riso	avrò riso
hai riso	avevi riso	avesti riso	avrai riso
ha riso	aveva riso	ebbe riso	avrà riso
abbiamo riso	avevamo riso	avemmo riso	avremo riso
avete riso	avevate riso	aveste riso	avrete riso
hanno riso	avevano riso	ebbero riso	avranno riso

Congiuntivo

Presente	Passato	Imperfetto	Trapassato
rida	abbia riso	ridessi	avessi riso
rida	abbia riso	ridessi	avessi riso
rida	abbia riso	ridesse	avesse riso
ridiamo	abbiamo riso	ridessimo	avessimo riso
ridiate	abbiate riso	rideste	aveste riso
ridano	abbiano riso	ridessero	avessero riso

Condizionale

Presente	Passato
riderei	avrei riso
rideresti	avresti riso
riderebbe	avrebbe riso
rideremmo	avremmo riso
ridereste	avreste riso
riderebbero	avrebbero riso

Imperativo

Presente
–
ridi
rida
ridiamo
ridete
ridano

Modi indefiniti

Presente	Passato
Infinito	
ridere	avere riso
Gerundio	
ridendo	avendo riso
Participio	
ridente	riso

3.2.24 rimanere *bleiben*

Indicativo

Presente	Imperfetto	Passato remoto	Futuro semplice
rimango	rimanevo	rimasi	rimarrò
rimani	rimanevi	rimanesti	rimarrai
rimane	rimaneva	rimase	rimarrà
rimaniamo	rimanevamo	rimanemmo	rimarremo
rimanete	rimanevate	rimaneste	rimarrete
rimangono	rimanevano	rimasero	rimarranno

Passato prossimo		Trapassato prossimo		Trapassato remoto		Futuro anteriore	
sono	rimasto/-a	ero	rimasto/-a	fui	rimasto/-a	sarò	rimasto/-a
sei	rimasto/-a	eri	rimasto/-a	fosti	rimasto/-a	sarai	rimasto/-a
è	rimasto/-a	era	rimasto/-a	fu	rimasto/-a	sarà	rimasto/-a
siamo	rimasti/-e	eravamo	rimasti/-e	fummo	rimasti/-e	saremo	rimasti/-e
siete	rimasti/-e	eravate	rimasti/-e	foste	rimasti/-e	sarete	rimasti/-e
sono	rimasti/-e	erano	rimasti/-e	furono	rimasti/-e	saranno	rimasti/-e

Congiuntivo

Presente	Passato		Imperfetto	Trapassato	
rimanga	sia	rimasto/-a	rimanessi	fossi	rimasto/-a
rimanga	sia	rimasto/-a	rimanessi	fossi	rimasto/-a
rimanga	sia	rimasto/-a	rimanesse	fosse	rimasto/-a
rimaniamo	siamo	rimasti/-e	rimanessimo	fossimo	rimasti/-e
rimaniate	siate	rimasti/-e	rimaneste	foste	rimasti/-e
rimangano	siano	rimasti/-e	rimanessero	fossero	rimasti/-e

Condizionale

Presente	Passato	
rimarrei	sarei	rimasto/-a
rimarresti	saresti	rimasto/-a
rimarrebbe	sarebbe	rimasto/-a
rimarremmo	saremmo	rimasti/-e
rimarreste	sareste	rimasti/-e
rimarrebbero	sarebbero	rimasti/-e

Imperativo

Presente
–
rimani
rimanga
rimaniamo
rimanete
rimangano

Modi indefiniti

Presente	Passato
Infinito	
rimanere	essere rimasto
Gerundio	
rimanendo	essendo rimasto
Participio	
rimanente	rimasto

3.2.25 rompere *brechen, zerbrechen*

Indicativo

Presente	Imperfetto	Passato remoto	Futuro semplice
rompo	rompevo	ruppi	romperò
rompi	rompevi	rompesti	romperai
rompe	rompeva	ruppe	romperà
rompiamo	rompevamo	rompemmo	romperemo
rompete	rompevate	rompeste	romperete
rompono	rompevano	ruppero	romperanno

Passato prossimo	Trapassato prossimo	Trapassato remoto	Futuro anteriore
ho rotto	avevo rotto	ebbi rotto	avrò rotto
hai rotto	avevi rotto	avesti rotto	avrai rotto
ha rotto	aveva rotto	ebbe rotto	avrà rotto
abbiamo rotto	avevamo rotto	avemmo rotto	avremo rotto
avete rotto	avevate rotto	aveste rotto	avrete rotto
hanno rotto	avevano rotto	ebbero rotto	avranno rotto

Congiuntivo

Presente	Passato	Imperfetto	Trapassato
rompa	abbia rotto	rompessi	avessi rotto
rompa	abbia rotto	rompessi	avessi rotto
rompa	abbia rotto	rompesse	avesse rotto
rompiamo	abbiamo rotto	rompessimo	avessimo rotto
rompiate	abbiate rotto	rompeste	aveste rotto
rompano	abbiano rotto	rompessero	avessero rotto

Condizionale

Presente	Passato
romperei	avrei rotto
romperesti	avresti rotto
romperebbe	avrebbe rotto
romperemmo	avremmo rotto
rompereste	avreste rotto
romperebbero	avrebbero rotto

Imperativo

Presente
–
rompi
rompa
rompiamo
rompete
rompano

Modi indefiniti

Presente	Passato
Infinito	
rompere	avere rotto
Gerundio	
rompendo	avendo rotto
Participio	
rompente	rotto

3.2.26 sapere *wissen, erfahren, können*

Indicativo

Presente	Imperfetto	Passato remoto	Futuro semplice
so	sapevo	seppi	saprò
sai	sapevi	sapesti	saprai
sa	sapeva	seppe	saprà
sappiamo	sapevamo	sapemmo	sapremo
sapete	sapevate	sapeste	saprete
sanno	sapevano	seppero	sapranno

Passato prossimo		Trapassato prossimo		Trapassato remoto		Futuro anteriore	
ho	saputo	avevo	saputo	ebbi	saputo	avrò	saputo
hai	saputo	avevi	saputo	avesti	saputo	avrai	saputo
ha	saputo	aveva	saputo	ebbe	saputo	avrà	saputo
abbiamo	saputo	avevamo	saputo	avemmo	saputo	avremo	saputo
avete	saputo	avevate	saputo	aveste	saputo	avrete	saputo
hanno	saputo	avevano	saputo	ebbero	saputo	avranno	saputo

Congiuntivo

Presente	Passato		Imperfetto	Trapassato	
sappia	abbia	saputo	sapessi	avessi	saputo
sappia	abbia	saputo	sapessi	avessi	saputo
sappia	abbia	saputo	sapesse	avesse	saputo
sappiamo	abbiamo	saputo	sapessimo	avessimo	saputo
sappiate	abbiate	saputo	sapeste	aveste	saputo
sappiano	abbiano	saputo	sapessero	avessero	saputo

Condizionale

Presente	Passato	
saprei	avrei	saputo
sapresti	avresti	saputo
saprebbe	avrebbe	saputo
sapremmo	avremmo	saputo
sapreste	avreste	saputo
saprebbero	avrebbero	saputo

Imperativo

Presente
–
sappi
sappia
sappiamo
sappiate
sappiano

Modi indefiniti

Presente	Passato
Infinito	
sapere	avere saputo
Gerundio	
sapendo	avendo saputo
Participio	
sapiente	saputo

3.2.27 scegliere *auswählen*

Indicativo

Presente	Imperfetto	Passato remoto	Futuro semplice
scelgo	sceglievo	scelsi	sceglierò
scegli	sceglievi	scegliesti	sceglierai
sceglie	sceglieva	scelse	sceglierà
scegliamo	sceglievamo	scegliemmo	sceglieremo
scegliete	sceglievate	sceglieste	sceglierete
scelgono	sceglievano	scelsero	sceglieranno

Passato prossimo		Trapassato prossimo		Trapassato remoto		Futuro anteriore	
ho	scelto	avevo	scelto	ebbi	scelto	avrò	scelto
hai	scelto	avevi	scelto	avesti	scelto	avrai	scelto
ha	scelto	aveva	scelto	ebbe	scelto	avrà	scelto
abbiamo	scelto	avevamo	scelto	avemmo	scelto	avremo	scelto
avete	scelto	avevate	scelto	aveste	scelto	avrete	scelto
hanno	scelto	avevano	scelto	ebbero	scelto	avranno	scelto

Congiuntivo

Presente	Passato		Imperfetto	Trapassato	
scelga	abbia	scelto	scegliessi	avessi	scelto
scelga	abbia	scelto	scegliessi	avessi	scelto
scelga	abbia	scelto	scegliesse	avesse	scelto
scegliamo	abbiamo	scelto	scegliessimo	avessimo	scelto
scegliate	abbiate	scelto	sceglieste	aveste	scelto
scelgano	abbiano	scelto	scegliessero	avessero	scelto

Condizionale

Presente	Passato	
sceglierei	avrei	scelto
sceglieresti	avresti	scelto
sceglierebbe	avrebbe	scelto
sceglieremmo	avremmo	scelto
scegliereste	avreste	scelto
sceglierebbero	avrebbero	scelto

Imperativo

Presente
–
scegli
scelga
scegliamo
scegliete
scelgano

Modi indefiniti

Presente	Passato
Infinito	
scegliere	avere scelto
Gerundio	
scegliendo	avendo scelto
Participio	
scegliente	scelto

3.2.28 scendere *hinuntergehen, aussteigen*

▶ Für die zusammengesetzten Zeiten verlangt **scendere** das Hilfsverb **avere**, wenn es **transitiv** gebraucht wird: **ho sceso le scale** (*ich bin die Treppe hinuntergegangen*) (→ S. 13).

Indicativo

Presente	Imperfetto	Passato remoto	Futuro semplice
scendo	scendevo	scesi	scenderò
scendi	scendevi	scendesti	scenderai
scende	scendeva	scese	scenderà
scendiamo	scendevamo	scendemmo	scenderemo
scendete	scendevate	scendeste	scenderete
scendono	scendevano	scesero	scenderanno

Passato prossimo	Trapassato prossimo	Trapassato remoto	Futuro anteriore
sono sceso/-a	ero sceso/-a	fui sceso/-a	sarò sceso/-a
sei sceso/-a	eri sceso/-a	fosti sceso/-a	sarai sceso/-a
è sceso/-a	era sceso/-a	fu sceso/-a	sarà sceso/-a
siamo scesi/-e	eravamo scesi/-e	fummo scesi/-e	saremo scesi/-e
siete scesi/-e	eravate scesi/-e	foste scesi/-e	sarete scesi/-e
sono scesi/-e	erano scesi/-e	furono scesi/-e	saranno scesi/-e

Congiuntivo

Presente	Passato	Imperfetto	Trapassato
scenda	sia sceso/-a	scendessi	fossi sceso/-a
scenda	sia sceso/-a	scendessi	fossi sceso/-a
scenda	sia sceso/-a	scendesse	fosse sceso/-a
scendiamo	siamo scesi/-e	scendessimo	fossimo scesi/-e
scendiate	siate scesi/-e	scendeste	foste scesi/-e
scendano	siano scesi/-e	scendessero	fossero scesi/-e

Condizionale

Presente	Passato
scenderei	sarei sceso/-a
scenderesti	saresti sceso/-a
scenderebbe	sarebbe sceso/-a
scenderemmo	saremmo scesi/-e
scendereste	sareste scesi/-e
scenderebbero	sarebbero scesi/-e

Imperativo

Presente
–
scendi
scenda
scendiamo
scendete
scendano

Modi indefiniti

Presente	Passato
Infinito	
scendere	essere sceso
Gerundio	
scendendo	essendo sceso
Participio	
scendente	sceso

3.2.29 scrivere *schreiben*

Indicativo

Presente	Imperfetto	Passato remoto	Futuro semplice
scrivo	scrivevo	scrissi	scriverò
scrivi	scrivevi	scrivesti	scriverai
scrive	scriveva	scrisse	scriverà
scriviamo	scrivevamo	scrivemmo	scriveremo
scrivete	scrivevate	scriveste	scriverete
scrivono	scrivevano	scrissero	scriveranno

Passato prossimo		Trapassato prossimo		Trapassato remoto		Futuro anteriore	
ho	scritto	avevo	scritto	ebbi	scritto	avrò	scritto
hai	scritto	avevi	scritto	avesti	scritto	avrai	scritto
ha	scritto	aveva	scritto	ebbe	scritto	avrà	scritto
abbiamo	scritto	avevamo	scritto	avemmo	scritto	avremo	scritto
avete	scritto	avevate	scritto	aveste	scritto	avrete	scritto
hanno	scritto	avevano	scritto	ebbero	scritto	avranno	scritto

Congiuntivo

Presente	Passato		Imperfetto	Trapassato	
scriva	abbia	scritto	scrivessi	avessi	scritto
scriva	abbia	scritto	scrivessi	avessi	scritto
scriva	abbia	scritto	scrivesse	avesse	scritto
scriviamo	abbiamo	scritto	scrivessimo	avessimo	scritto
scriviate	abbiate	scritto	scriveste	aveste	scritto
scrivano	abbiano	scritto	scrivessero	avessero	scritto

Condizionale

Presente	Passato	
scriverei	avrei	scritto
scriveresti	avresti	scritto
scriverebbe	avrebbe	scritto
scriveremmo	avremmo	scritto
scrivereste	avreste	scritto
scriverebbero	avrebbero	scritto

Imperativo

Presente
–
scrivi
scriva
scriviamo
scrivete
scrivano

Modi indefiniti

Presente	Passato
Infinito	
scrivere	avere scritto
Gerundio	
scrivendo	avendo scritto
Participio	
scrivente	scritto

3.2.30 sedere *sitzen*

▶ Bei dem reflexiven Verb **sedersi** (*sich setzen*) werden die Reflexivpronomen (**mi, ti, si, ci, vi, si**) den Formen von **sedere** vorangestellt: **mi siedo**, **ti siedi**, ...

Indicativo

Presente	Imperfetto	Passato remoto	Futuro semplice
siedo/seggo	sedevo	sedei/-etti	s(i)ederò
siedi	sedevi	sedesti	s(i)ederai
siede	sedeva	sedé/-ette	s(i)ederà
sediamo	sedevamo	sedemmo	s(i)ederemo
sedete	sedevate	sedeste	s(i)ederete
siedono/seggono	sedevano	sederono/-ettero	s(i)ederanno

Passato prossimo	Trapassato prossimo	Trapassato remoto	Futuro anteriore
sono seduto/-a	ero seduto/-a	fui seduto/-a	sarò seduto/-a
sei seduto/-a	eri seduto/-a	fosti seduto/-a	sarai seduto/-a
è seduto/-a	era seduto/-a	fu seduto/-a	sarà seduto/-a
siamo seduti/-e	eravamo seduti/-e	fummo seduti/-e	saremo seduti/-e
siete seduti/-e	eravate seduti/-e	foste seduti/-e	sarete seduti/-e
sono seduti/-e	erano seduti/-e	furono seduti/-e	saranno seduti/-e

Congiuntivo

Presente	Passato	Imperfetto	Trapassato
sieda/segga	sia seduto/-a	sedessi	fossi seduto/-a
sieda/segga	sia seduto/-a	sedessi	fossi seduto/-a
sieda/segga	sia seduto/-a	sedesse	fosse seduto/-a
sediamo	siamo seduti/-e	sedessimo	fossimo seduti/-e
sediate	siate seduti/-e	sedeste	foste seduti/-e
siedano/seggano	siano seduti/-e	sedessero	fossero seduti/-e

Condizionale

Presente	Passato
s(i)ederei	sarei seduto/-a
s(i)ederesti	saresti seduto/-a
s(i)ederebbe	sarebbe seduto/-a
s(i)ederemmo	saremmo seduti/-e
s(i)edereste	sareste seduti/-e
s(i)ederebbero	sarebbero seduti/-e

Imperativo

Presente
–
siedi
sieda/segga
sediamo
sedete
siedano/seggano

Modi indefiniti

Presente	Passato
Infinito	
sedere	essere seduto
Gerundio	
sedendo	essendo seduto
Participio	
sedente	seduto

3.2.31 spegnere *ausschalten*

Indicativo

Presente	Imperfetto	Passato remoto	Futuro semplice
spengo	spegnevo	spensi	spegnerò
spegni	spegnevi	spegnesti	spegnerai
spegne	spegneva	spense	spegnerà
spegniamo	spegnevamo	spegnemmo	spegneremo
spegnete	spegnevate	spegneste	spegnerete
spengono	spegnevano	spensero	spegneranno

Passato prossimo		Trapassato prossimo		Trapassato remoto		Futuro anteriore	
ho	spento	avevo	spento	ebbi	spento	avrò	spento
hai	spento	avevi	spento	avesti	spento	avrai	spento
ha	spento	aveva	spento	ebbe	spento	avrà	spento
abbiamo	spento	avevamo	spento	avemmo	spento	avremo	spento
avete	spento	avevate	spento	aveste	spento	avrete	spento
hanno	spento	avevano	spento	ebbero	spento	avranno	spento

Congiuntivo

Presente	Passato		Imperfetto	Trapassato	
spenga	abbia	spento	spegnessi	avessi	spento
spenga	abbia	spento	spegnessi	avessi	spento
spenga	abbia	spento	spegnesse	avesse	spento
spegniamo	abbiamo	spento	spegnessimo	avessimo	spento
spegniate	abbiate	spento	spegneste	aveste	spento
spengano	abbiano	spento	spegnessero	avessero	spento

Condizionale

Presente	Passato	
spegnerei	avrei	spento
spegneresti	avresti	spento
spegnerebbe	avrebbe	spento
spegneremmo	avremmo	spento
spegnereste	avreste	spento
spegnerebbero	avrebbero	spento

Imperativo

Presente
–
spegni
spenga
spegniamo
spegnete
spengano

Modi indefiniti

Presente	Passato
Infinito	
spegnere	avere spento
Gerundio	
spegnendo	avendo spento
Participio	
spegnente	spento

3.2.32 tacere *schweigen*

Indicativo

Presente	Imperfetto	Passato remoto	Futuro semplice
taccio	tacevo	tacqui	tacerò
taci	tacevi	tacesti	tacerai
tace	taceva	tacque	tacerà
tac(c)iamo	tacevamo	tacemmo	taceremo
tacete	tacevate	taceste	tacerete
tac(c)iono	tacevano	tacquero	taceranno

Passato prossimo		Trapassato prossimo		Trapassato remoto		Futuro anteriore	
ho	taciuto	avevo	taciuto	ebbi	taciuto	avrò	taciuto
hai	taciuto	avevi	taciuto	avesti	taciuto	avrai	taciuto
ha	taciuto	aveva	taciuto	ebbe	taciuto	avrà	taciuto
abbiamo	taciuto	avevamo	taciuto	avemmo	taciuto	avremo	taciuto
avete	taciuto	avevate	taciuto	aveste	taciuto	avrete	taciuto
hanno	taciuto	avevano	taciuto	ebbero	taciuto	avranno	taciuto

Congiuntivo

Presente	Passato		Imperfetto	Trapassato	
taccia	abbia	taciuto	tacessi	avessi	taciuto
taccia	abbia	taciuto	tacessi	avessi	taciuto
taccia	abbia	taciuto	tacesse	avesse	taciuto
tac(c)iamo	abbiamo	taciuto	tacessimo	avessimo	taciuto
tac(c)iate	abbiate	taciuto	taceste	aveste	taciuto
tacciano	abbiano	taciuto	tacessero	avessero	taciuto

Condizionale

Presente	Passato	
tacerei	avrei	taciuto
taceresti	avresti	taciuto
tacerebbe	avrebbe	taciuto
taceremmo	avremmo	taciuto
tacereste	avreste	taciuto
tacerebbero	avrebbero	taciuto

Imperativo

Presente
–
taci
taccia
tacciamo
tacete
tacciano

Modi indefiniti

Presente	Passato
Infinito	
tacere	avere taciuto
Gerundio	
tacendo	avendo taciuto
Participio	
tacente	taciuto

3.2.33 tenere *halten*

Indicativo

Presente	Imperfetto	Passato remoto	Futuro semplice
tengo	tenevo	tenni	terrò
tieni	tenevi	tenesti	terrai
tiene	teneva	tenne	terrà
teniamo	tenevamo	tenemmo	terremo
tenete	tenevate	teneste	terrete
tengono	tenevano	tennero	terranno

Passato prossimo	Trapassato prossimo	Trapassato remoto	Futuro anteriore
ho tenuto	avevo tenuto	ebbi tenuto	avrò tenuto
hai tenuto	avevi tenuto	avesti tenuto	avrai tenuto
ha tenuto	aveva tenuto	ebbe tenuto	avrà tenuto
abbiamo tenuto	avevamo tenuto	avemmo tenuto	avremo tenuto
avete tenuto	avevate tenuto	aveste tenuto	avrete tenuto
hanno tenuto	avevano tenuto	ebbero tenuto	avranno tenuto

Congiuntivo

Presente	Passato	Imperfetto	Trapassato
tenga	abbia tenuto	tenessi	avessi tenuto
tenga	abbia tenuto	tenessi	avessi tenuto
tenga	abbia tenuto	tenesse	avesse tenuto
teniamo	abbiamo tenuto	tenessimo	avessimo tenuto
teniate	abbiate tenuto	teneste	aveste tenuto
tengano	abbiano tenuto	tenessero	avessero tenuto

Condizionale

Presente	Passato
terrei	avrei tenuto
terresti	avresti tenuto
terrebbe	avrebbe tenuto
terremmo	avremmo tenuto
terreste	avreste tenuto
terrebbero	avrebbero tenuto

Imperativo

Presente
–
tieni
tenga
teniamo
tenete
tengano

Modi indefiniti

Presente	Passato
Infinito	
tenere	avere tenuto
Gerundio	
tenendo	avendo tenuto
Participio	
tenente	tenuto

3.2.34 trarre *ziehen*

Indicativo

Presente	Imperfetto	Passato remoto	Futuro semplice
traggo	traevo	trassi	trarrò
trai	traevi	traesti	trarrai
trae	traeva	trasse	trarrà
traiamo	traevamo	traemmo	trarremo
traete	traevate	traeste	trarrete
traggono	traevano	trassero	trarranno

Passato prossimo		Trapassato prossimo		Trapassato remoto		Futuro anteriore	
ho	tratto	avevo	tratto	ebbi	tratto	avrò	tratto
hai	tratto	avevi	tratto	avesti	tratto	avrai	tratto
ha	tratto	aveva	tratto	ebbe	tratto	avrà	tratto
abbiamo	tratto	avevamo	tratto	avemmo	tratto	avremo	tratto
avete	tratto	avevate	tratto	aveste	tratto	avrete	tratto
hanno	tratto	avevano	tratto	ebbero	tratto	avranno	tratto

Congiuntivo

Presente	Passato		Imperfetto	Trapassato	
tragga	abbia	tratto	traessi	avessi	tratto
tragga	abbia	tratto	traessi	avessi	tratto
tragga	abbia	tratto	traesse	avesse	tratto
traiamo	abbiamo	tratto	traessimo	avessimo	tratto
traiate	abbiate	tratto	traeste	aveste	tratto
traggano	abbiano	tratto	traessero	avessero	tratto

Condizionale

Presente	Passato	
trarrei	avrei	tratto
trarresti	avresti	tratto
trarrebbe	avrebbe	tratto
trarremmo	avremmo	tratto
trarreste	avreste	tratto
trarrebbero	avrebbero	tratto

Imperativo

Presente
–
trai
tragga
traiamo
traete
traggano

Modi indefiniti

Presente	Passato
Infinito	
trarre	avere tratto
Gerundio	
traendo	avendo tratto
Participio	
traente	tratto

3.2.35 valere *gelten*

Indicativo

Presente	Imperfetto	Passato remoto	Futuro semplice
valgo	valevo	valsi	varrò
vali	valevi	valesti	varrai
vale	valeva	valse	varrà
valiamo	valevamo	valemmo	varremo
valete	valevate	valeste	varrete
valgono	valevano	valsero	varranno

Passato prossimo	Trapassato prossimo	Trapassato remoto	Futuro anteriore
sono valso/-a	ero valso/-a	fui valso/-a	sarò valso/-a
sei valso/-a	eri valso/-a	fosti valso/-a	sarai valso/-a
è valso/-a	era valso/-a	fu valso/-a	sarà valso/-a
siamo valsi/-e	eravamo valsi/-e	fummo valsi/-e	saremo valsi/-e
siete valsi/-e	eravate valsi/-e	foste valsi/-e	sarete valsi/-e
sono valsi/-e	erano valsi/-e	furono valsi/-e	saranno valsi/-e

Congiuntivo

Presente	Passato	Imperfetto	Trapassato
valga	sia valso/-a	valessi	fossi valso/-a
valga	sia valso/-a	valessi	fossi valso/-a
valga	sia valso/-a	valesse	fosse valso/-a
valiamo	siamo valsi/-e	valessimo	fossimo valsi/-e
valiate	siate valsi/-e	valeste	foste valsi/-e
valgano	siano valsi/-e	valessero	fossero valsi/-e

Condizionale

Presente	Passato
varrei	sarei valso/-a
varresti	saresti valso/-a
varrebbe	sarebbe valso/-a
varremmo	saremmo valsi/-e
varreste	sareste valsi/-e
varrebbero	sarebbero valsi/-e

Imperativo

Presente
–
vali
valga
valiamo
valete
valgano

Modi indefiniti

Presente	Passato
Infinito	
valere	essere valso
Gerundio	
valendo	essendo valso
Participio	
valente	valso

3.2.36 vedere *sehen*

▶ Das Verb **vedere** hat ein regelmäßiges Partizip Perfekt **veduto** und ein unregelmäßiges **visto**, das häufiger in der gesprochenen Sprache verwendet wird.

Indicativo

Presente	Imperfetto	Passato remoto	Futuro semplice
vedo	vedevo	vidi	vedrò
vedi	vedevi	vedesti	vedrai
vede	vedeva	vide	vedrà
vediamo	vedevamo	vedemmo	vedremo
vedete	vedevate	vedeste	vedrete
vedono	vedevano	videro	vedranno

Passato prossimo		Trapassato prossimo		Trapassato remoto		Futuro anteriore	
ho	visto	avevo	visto	ebbi	visto	avrò	visto
hai	visto	avevi	visto	avesti	visto	avrai	visto
ha	visto	aveva	visto	ebbe	visto	avrà	visto
abbiamo	visto	avevamo	visto	avemmo	visto	avremo	visto
avete	visto	avevate	visto	aveste	visto	avrete	visto
hanno	visto	avevano	visto	ebbero	visto	avranno	visto

Congiuntivo

Presente	Passato		Imperfetto	Trapassato	
veda	abbia	visto	vedessi	avessi	visto
veda	abbia	visto	vedessi	avessi	visto
veda	abbia	visto	vedesse	avesse	visto
vediamo	abbiamo	visto	vedessimo	avessimo	visto
vediate	abbiate	visto	vedeste	aveste	visto
vedano	abbiano	visto	vedessero	avessero	visto

Condizionale

Presente	Passato	
vedrei	avrei	visto
vedresti	avresti	visto
vedrebbe	avrebbe	visto
vedremmo	avremmo	visto
vedreste	avreste	visto
vedrebbero	avrebbero	visto

Imperativo

Presente
–
vedi
veda
vediamo
vedete
vedano

Modi indefiniti

Presente	Passato
Infinito	
vedere	avere visto
Gerundio	
vedendo	avendo visto
Participio	
vedente	visto/veduto

3.2.37 vịncere *gewinnen*

▶ Verben auf **-cere** ändern die Aussprache des **-c-** je nach der Endung: **-c- + -a/-o** wird [k] ausgesprochen, z. B. **vinco**; **-c- + -e/-i** wird [tsch] ausgesprochen, z. B. **vinci** (→ auch S. 13). Eine Ausnahme ist **cuọcere** (*kochen*) (→ 3.2.9).

Indicativo

Presente	Imperfetto	Passato remoto	Futuro semplice
vinco	vincevo	vinsi	vincerò
vinci	vincevi	vincesti	vincerai
vince	vinceva	vinse	vincerà
vinciamo	vincevamo	vincemmo	vinceremo
vincete	vincevate	vinceste	vincerete
vịncono	vincẹvano	vịnsero	vinceranno

Passato prossimo		Trapassato prossimo		Trapassato remoto		Futuro anteriore	
ho	vinto	avevo	vinto	ebbi	vinto	avrò	vinto
hai	vinto	avevi	vinto	avesti	vinto	avrai	vinto
ha	vinto	aveva	vinto	ebbe	vinto	avrà	vinto
abbiamo	vinto	avevamo	vinto	avemmo	vinto	avremo	vinto
avete	vinto	avevate	vinto	aveste	vinto	avrete	vinto
hanno	vinto	avẹvano	vinto	ẹbbero	vinto	avranno	vinto

Congiuntivo

Presente	Passato		Imperfetto	Trapassato	
vinca	abbia	vinto	vincessi	avessi	vinto
vinca	abbia	vinto	vincessi	avessi	vinto
vinca	abbia	vinto	vincesse	avesse	vinto
vinciamo	abbiamo	vinto	vincẹssimo	avẹssimo	vinto
vinciate	abbiate	vinto	vinceste	aveste	vinto
vịncano	ạbbiano	vinto	vincẹssero	avẹssero	vinto

Condizionale

Presente	Passato	
vincerei	avrei	vinto
vinceresti	avresti	vinto
vincerebbe	avrebbe	vinto
vinceremmo	avremmo	vinto
vincereste	avreste	vinto
vincerẹbbero	avrẹbbero	vinto

Imperativo

Presente
–
vinci
vinca
vinciamo
vincete
vịncano

Modi indefiniti

Presente	Passato
Infinito	
vịncere	avere vinto
Gerundio	
vincendo	avendo vinto
Participio	
vincente	vinto

3.2.38 vivere *leben*

▶ Für die zusammengesetzten Zeiten werden die beiden Hilfsverben **avere** und **essere** gebraucht (**ho vissuto** / **sono vissuto/-a**). In der Tabelle wird das Verb nur mit **essere** konjugiert.

Indicativo

Presente	Imperfetto	Passato remoto	Futuro semplice
vivo	vivevo	vissi	vivrò
vivi	vivevi	vivesti	vivrai
vive	viveva	visse	vivrà
viviamo	vivevamo	vivemmo	vivremo
vivete	vivevate	viveste	vivrete
vivono	vivevano	vissero	vivranno

Passato prossimo	Trapassato prossimo	Trapassato remoto	Futuro anteriore
sono vissuto/-a	ero vissuto/-a	fui vissuto/-a	sarò vissuto/-a
sei vissuto/-a	eri vissuto/-a	fosti vissuto/-a	sarai vissuto/-a
è vissuto/-a	era vissuto/-a	fu vissuto/-a	sarà vissuto/-a
siamo vissuti/-e	eravamo vissuti/-e	fummo vissuti/-e	saremo vissuti/-e
siete vissuti/-e	eravate vissuti/-e	foste vissuti/-e	sarete vissuti/-e
sono vissuti/-e	erano vissuti/-e	furono vissuti/-e	saranno vissuti/-e

Congiuntivo

Presente	Passato	Imperfetto	Trapassato
viva	sia vissuto/-a	vivessi	fossi vissuto/-a
viva	sia vissuto/-a	vivessi	fossi vissuto/-a
viva	sia vissuto/-a	vivesse	fosse vissuto/-a
viviamo	siamo vissuti/-e	vivessimo	fossimo vissuti/-e
viviate	siate vissuti/-e	viveste	foste vissuti/-e
vivano	siano vissuti/-e	vivessero	fossero vissuti/-e

Condizionale

Presente	Passato
vivrei	sarei vissuto/-a
vivresti	saresti vissuto/-a
vivrebbe	sarebbe vissuto/-a
vivremmo	saremmo vissuti/-e
vivreste	sareste vissuti/-e
vivrebbero	sarebbero vissuti/-e

Imperativo

Presente
–
vivi
viva
viviamo
vivete
vivano

Modi indefiniti

Presente	Passato
Infinito	
vivere	essere vissuto
Gerundio	
vivendo	essendo vissuto
Participio	
vivente	vissuto

3.2.39 volere *wollen*

▶ Modalverb: wird es in Verbindung mit einem Infinitiv gebraucht, bildet **volere** die zusammengesetzten Zeiten mit **essere** oder **avere** (→ S. 12).

Indicativo

Presente	Imperfetto	Passato remoto	Futuro semplice
voglio	volevo	volli	vorrò
vuoi	volevi	volesti	vorrai
vuole	voleva	volle	vorrà
vogliamo	volevamo	volemmo	vorremo
volete	volevate	voleste	vorrete
vogliono	volevano	vollero	vorranno

Passato prossimo	Trapassato prossimo	Trapassato remoto	Futuro anteriore
ho voluto	avevo voluto	ebbi voluto	avrò voluto
hai voluto	avevi voluto	avesti voluto	avrai voluto
ha voluto	aveva voluto	ebbe voluto	avrà voluto
abbiamo voluto	avevamo voluto	avemmo voluto	avremo voluto
avete voluto	avevate voluto	aveste voluto	avrete voluto
hanno voluto	avevano voluto	ebbero voluto	avranno voluto

Congiuntivo

Presente	Passato	Imperfetto	Trapassato
voglia	abbia voluto	volessi	avessi voluto
voglia	abbia voluto	volessi	avessi voluto
voglia	abbia voluto	volesse	avesse voluto
vogliamo	abbiamo voluto	volessimo	avessimo voluto
vogliate	abbiate voluto	voleste	aveste voluto
vogliano	abbiano voluto	volessero	avessero voluto

Condizionale

Presente	Passato
vorrei	avrei voluto
vorresti	avresti voluto
vorrebbe	avrebbe voluto
vorremmo	avremmo voluto
vorreste	avreste voluto
vorrebbero	avrebbero voluto

Imperativo

Presente
–
vogli
voglia
vogliamo
vogliate
vogliano

Modi indefiniti

Presente	Passato
Infinito	
volere	avere voluto
Gerundio	
volendo	avendo voluto
Participio	
volente	voluto

Es folgen weitere unregelmäßige Verben, die nur im **passato remoto** (1./3. Person Singular;
3. Person Plural) und im **participio passato** unregelmäßig sind. Bei den anderen Zeiten
folgen sie der regelmäßigen Konjugation auf **-ere**.
▶ Zur Aussprache von **-g-** und **-sc-** der Verben auf **-gere** bzw. **-scere** → S. 13/14.

3.2.40	Passato remoto	Participio passato
affiggere	affissi, affiggesti, affisse,	affisso
anschlagen	affiggemmo, affiggeste, affissero	
		Hilfsverb: avere

3.2.41	Passato remoto	Participio passato
affliggere	afflissi, affliggesti, afflisse,	afflitto
plagen	affliggemmo, affliggeste, afflissero	
		Hilfsverb: avere

3.2.42	Passato remoto	Participio passato
appendere	appesi, appendesti, appese,	appeso
aufhängen	appendemmo, appendeste, appesero	
		Hilfsverb: avere

3.2.43	Passato remoto	Participio passato
ardere	arsi, ardesti, arse,	arso
brennen	ardemmo, ardeste, arsero	
		Hilfsverb: avere/essere

3.2.44	Passato remoto	Participio passato
assolvere	assolsi, assolvesti, assolse,	assolto
freisprechen	assolvemmo, assolveste, assolsero	
		Hilfsverb: avere

3.2.45	Passato remoto	Participio passato
assumere	assunsi, assumesti, assunse,	assunto
annehmen,	assumemmo, assumeste, assunsero	
einstellen		Hilfsverb: avere

3.2.46	Passato remoto	Participio passato
assurgere	assursi, assurgesti, assurse,	assurto
emporsteigen	assurgemmo, assurgeste, assursero	
		Hilfsverb: essere

3.2.47	Passato remoto	Participio passato
comprimere	compressi, comprimesti, compresse,	compresso
zusammendrücken	comprimemmo, comprimeste, compressero	
		Hilfsverb: avere

3.2.48 concedere gewähren	**Passato remoto** concessi, concedesti, concesse, concedemmo, concedeste, concessero	**Participio passato** concesso Hilfsverb: avere
3.2.49 contundere quetschen	**Passato remoto** contusi, contundesti, contuse, contundemmo, contundeste, contusero	**Participio passato** contuso Hilfsverb: avere
3.2.50 correre rennen	**Passato remoto** corsi, corresti, corse, corremmo, correste, corsero	**Participio passato** corso Hilfsverb: avere/essere
3.2.51 crescere wachsen	**Passato remoto** crebbi, crescesti, crebbe, crescemmo, cresceste, crebbero	**Participio passato** cresciuto Hilfsverb: avere/essere
3.2.52 decidere entscheiden	**Passato remoto** decisi, dicidesti, decise, decidemmo, decideste, decisero	**Participio passato** deciso Hilfsverb: avere
3.2.53 devolvere übertragen	**Passato remoto** (regelmäßig)	**Participio passato** devoluto Hilfsverb: avere
3.2.54 dirigere leiten	**Passato remoto** diressi, dirigesti, diresse, dirigemmo, dirigeste, diressero	**Participio passato** diretto Hilfsverb: avere
3.2.55 discutere diskutieren	**Passato remoto** discussi, discutesti, discusse, discutemmo, discuteste, discussero	**Participio passato** discusso Hilfsverb: avere
3.2.56 distinguere unterscheiden	**Passato remoto** distinsi, distinguesti, distinse, distinguemmo, distingueste, distinsero	**Participio passato** distinto Hilfsverb: avere

3.2.57 dividere teilen	**Passato remoto** divisi, dividesti, divise, dividemmo, divideste, divisero	**Participio passato** diviso Hilfsverb: avere
3.2.58 eccellere sich auszeichnen	**Passato remoto** eccelsi, eccellesti, eccelse, eccellemmo, eccelleste, eccelsero	**Participio passato** eccelso Hilfsverb: avere/essere
3.2.59 emergere auftauchen, hinausragen	**Passato remoto** emersi, emergesti, emerse, emergemmo, emergeste, emersero	**Participio passato** emerso Hilfsverb: essere
3.2.60 esigere verlangen	**Passato remoto** (regelmäßig)	**Participio passato** esatto Hilfsverb: avere
3.2.61 esistere existieren	**Passato remoto** (regelmäßig)	**Participio passato** esistito Hilfsverb: essere
3.2.62 espellere ausweisen, verweisen	**Passato remoto** espulsi, espellesti, espulse, espellemmo, espelleste, espulsero	**Participio passato** espulso Hilfsverb: avere
3.2.63 figgere stecken	**Passato remoto** fissi, figgesti, fisse, figgemmo, figgeste, fissero	**Participio passato** fitto Hilfsverb: avere
3.2.64 fingere vortäuschen	**Passato remoto** finsi, fingesti, finse, fingemmo, fingeste, finsero	**Participio passato** finto Hilfsverb: avere
3.2.65 fondere schmelzen	**Passato remoto** fusi, fondesti, fuse, fondemmo, fondeste, fusero	**Participio passato** fuso Hilfsverb: avere

3.2.66 frangere brechen	Passato remoto fransi, frangesti, franse, frangemmo, frangeste, fransero	Participio passato franto Hilfsverb: avere
3.2.67 friggere frittieren, braten	Passato remoto frissi, friggesti, frisse, friggemmo, friggeste, frissero	Participio passato fritto Hilfsverb: avere
3.2.68 giungere ankommen	Passato remoto giunsi, giungesti, giunse, giungemmo, giungeste, giunsero	Participio passato giunto Hilfsverb: essere
3.2.69 indulgere Nachsicht haben	Passato remoto indulsi, indulgesti, indulse, indulgemmo, indulgeste, indulsero	Participio passato indulto (selten gebraucht) Hilfsverb: avere
3.2.70 invadere einfallen, strömen	Passato remoto invasi, invadesti, invase, invademmo, invadeste, invasero	Participio passato invaso Hilfsverb: avere
3.2.71 ledere schädigen	Passato remoto lesi, ledesti, lese, ledemmo, ledeste, lesero	Participio passato leso Hilfsverb: avere
3.2.72 mordere beißen	Passato remoto morsi, mordesti, morse, mordemmo, mordeste, morsero	Participio passato morso Hilfsverb: avere
3.2.73 nascere geboren werden	Passato remoto nacqui, nascesti, nacque, nascemmo, nasceste, nacquero	Participio passato nato Hilfsverb: essere
3.2.74 nascondere verstecken	Passato remoto nascosi, nascondesti, nascose, nascondemmo, nascondeste, nascosero	Participio passato nascosto Hilfsverb: avere

3.2.75 **perdere** *verlieren*	**Passato remoto** persi/perdei/perdetti, perdesti, perse/perdé/perdette, perdemmo, perdeste, persero/perderono/perdettero	**Participio passato** perso/perduto Hilfsverb: avere
3.2.76 **persuadere** *überreden*	**Passato remoto** persuasi, persuadesti, persuase, persuademmo, persuadeste, persuasero	**Participio passato** persuaso Hilfsverb: avere
3.2.77 **piovere** *regnen*	**Passato remoto** piovvi, piovesti, piovve, piovemmo, pioveste, piovvero	**Participio passato** piovuto Hilfsverb: avere/essere
3.2.78 **porgere** *reichen,* *geben*	**Passato remoto** porsi, porgesti, porse, porgemmo, porgeste, porsero	**Participio passato** porto Hilfsverb: avere
3.2.79 **pungere** *stechen*	**Passato remoto** punsi, pungesti, punse, pungemmo, pungeste, punsero	**Participio passato** punto Hilfsverb: avere
3.2.80 **redigere** *verfassen*	**Passato remoto** redassi, redigesti, redasse, redigemmo, redigeste, redassero	**Participio passato** redatto Hilfsverb: avere
3.2.81 **redimere** *erlösen*	**Passato remoto** redensi, redimesti, redense, redimemmo, redimeste, redensero	**Participio passato** redento Hilfsverb: avere
3.2.82 **riflettere** *(a) überlegen* *(b) widerspiegeln*	**Passato remoto** riflettei/riflessi, riflettesti, rifletté/riflesse, riflettemmo, rifletteste, rifletterono/riflessero	**Participio passato** (a) riflettuto / (b) riflesso Hilfsverb: avere
3.2.83 **rifulgere** *funkeln*	**Passato remoto** rifulsi, rifulgesti, rifulse, rifulgemmo, rifulgeste, rifulsero	**Participio passato** rifulso Hilfsverb: avere/essere

3.2.84 rispondere antworten	Passato remoto risposi, rispondesti, rispose, rispondemmo, rispondeste, risposero	Participio passato risposto Hilfsverb: avere
3.2.85 rodere nagen	Passato remoto rosi, rodesti, rose, rodemmo, rodeste, rosero	Participio passato roso Hilfsverb: avere
3.2.86 scindere spalten, trennen	Passato remoto scissi, scindesti, scisse, scindemmo, scindeste, scissero	Participio passato scisso Hilfsverb: avere
3.2.87 scuotere schütteln	Passato remoto scossi, scuotesti, scosse, scuotemmo, scuoteste, scossero	Participio passato scosso Hilfsverb: avere
3.2.88 sorgere sich erheben, aufgehen	Passato remoto sorsi, sorgesti, sorse, sorgemmo, sorgeste, sorsero	Participio passato sorto Hilfsverb: essere
3.2.89 spandere ausstreuen, verbreiten	Passato remoto spansi/spandei, spandesti, spanse/spandé, spandemmo, spandeste, spansero/spanderono	Participio passato spanso Hilfsverb: avere
3.2.90 spargere ausstreuen, verstreuen	Passato remoto sparsi, spargesti, sparse, spargemmo, spargeste, sparsero	Participio passato sparso Hilfsverb: avere
3.2.91 stringere drücken	Passato remoto strinsi, stringesti, strinse, stringemmo, stringeste, strinsero	Participio passato stretto Hilfsverb: avere
3.2.92 struggere schmelzen	Passato remoto strussi, struggesti, strusse, struggemmo, struggeste, strussero	Participio passato strutto Hilfsverb: avere

3.2.93 tendere (auf)spannen	Passato remoto	Participio passato
	tesi, tendesti, tese, tendemmo, tendeste, tesero	teso Hilfsverb: avere

3.2.94 tergere wischen	Passato remoto	Participio passato
	tersi, tergesti, terse, tergemmo, tergeste, tersero	terso Hilfsverb: avere

3.2.95 torcere drehen, biegen	Passato remoto	Participio passato
	torsi, torcesti, torse, torcemmo, torceste, torsero	torto Hilfsverb: avere

3.2.96 volgere wenden	Passato remoto	Participio passato
	volsi, volgesti, volse, volgemmo, volgeste, volsero	volto Hilfsverb: avere

3.3 Verben auf -ire
3.3.1 apparire *erscheinen*

▶ In Klammern sind die literarischen und selten gebrauchten Formen angegeben.

Indicativo

Presente	Imperfetto	Passato remoto	Futuro semplice
appaio (apparisco)	apparivo	apparvi (apparii/apparsi)	apparirò
appari (apparisci)	apparivi	apparisti	apparirai
appare (apparisce)	appariva	apparve (apparì/apparse)	apparirà
appariamo	apparivamo	apparimmo	appariremo
apparite	apparivate	appariste	apparirete
appaiono (appariscono)	apparivano	apparvero (apparirono/apparsero)	appariranno

Passato prossimo	Trapassato prossimo	Trapassato remoto	Futuro anteriore
sono apparso/-a	ero apparso/-a	fui apparso/-a	sarò apparso/-a
sei apparso/-a	eri apparso/-a	fosti apparso/-a	sarai apparso/-a
è apparso/-a	era apparso/-a	fu apparso/-a	sarà apparso/-a
siamo apparsi/-e	eravamo apparsi/-e	fummo apparsi/-e	saremo apparsi/-e
siete apparsi/-e	eravate apparsi/-e	foste apparsi/-e	sarete apparsi/-e
sono apparsi/-e	erano apparsi/-e	furono apparsi/-e	saranno apparsi/-e

Congiuntivo

Presente	Passato	Imperfetto	Trapassato
appaia (apparisca)	sia apparso/-a	apparissi	fossi apparso/-a
appaia (apparisca)	sia apparso/-a	apparissi	fossi apparso/-a
appaia (apparisca)	sia apparso/-a	apparisse	fosse apparso/-a
appariamo	siamo apparsi/-e	apparissimo	fossimo apparsi/-e
appariate	siate apparsi/-e	appariste	foste apparsi/-e
appaiano (appariscano)	siano apparsi/-e	apparissero	fossero apparsi/-e

Condizionale

Presente	Passato
apparirei	sarei apparso/-a
appariresti	saresti apparso/-a
apparirebbe	sarebbe apparso/-a
appariremmo	saremmo apparsi/-e
apparireste	sareste apparsi/-e
apparirebbero	sarebbero apparsi/-e

Imperativo

Presente
–
appari
appaia
appariamo
apparite
appaiano

Modi indefiniti

Presente	Passato
Infinito	
apparire	essere apparso
Gerundio	
apparendo	essendo apparso
Participio	
apparente	apparso

3.3.2 aprire *öffnen*

▶ In Klammern sind die literarischen Formen angegeben.

Indicativo

Presente	Imperfetto	Passato remoto	Futuro semplice
apro	aprivo	aprii (apersi)	aprirò
apri	aprivi	apristi	aprirai
apre	apriva	aprì (aperse)	aprirà
apriamo	aprivamo	aprimmo	apriremo
aprite	aprivate	apriste	aprirete
aprono	aprivano	aprirono (apersero)	apriranno

Passato prossimo		Trapassato prossimo		Trapassato remoto		Futuro anteriore	
ho	aperto	avevo	aperto	ebbi	aperto	avrò	aperto
hai	aperto	avevi	aperto	avesti	aperto	avrai	aperto
ha	aperto	aveva	aperto	ebbe	aperto	avrà	aperto
abbiamo	aperto	avevamo	aperto	avemmo	aperto	avremo	aperto
avete	aperto	avevate	aperto	aveste	aperto	avrete	aperto
hanno	aperto	avevano	aperto	ebbero	aperto	avranno	aperto

Congiuntivo

Presente	Passato		Imperfetto	Trapassato	
apra	abbia	aperto	aprissi	avessi	aperto
apra	abbia	aperto	aprissi	avessi	aperto
apra	abbia	aperto	aprisse	avesse	aperto
apriamo	abbiamo	aperto	aprissimo	avessimo	aperto
apriate	abbiate	aperto	apriste	aveste	aperto
aprano	abbiano	aperto	aprissero	avessero	aperto

Condizionale

Presente	Passato	
aprirei	avrei	aperto
apriresti	avresti	aperto
aprirebbe	avrebbe	aperto
apriremmo	avremmo	aperto
aprireste	avreste	aperto
aprirebbero	avrebbero	aperto

Imperativo

Presente
–
apri
apra
apriamo
aprite
aprano

Modi indefiniti

Presente	Passato
Infinito	
aprire	avere aperto
Gerundio	
aprendo	avendo aperto
Participio	
aprente	aperto

3.3.3   dire *sagen*

▶ Verkürzte Form von **dịcere**: einige Verbformen haben deshalb den Stamm **dic-**.

Indicativo

Presente	Imperfetto	Passato remoto	Futuro semplice
dico	dicevo	dissi	dirò
dici	dicevi	dicesti	dirai
dice	diceva	disse	dirà
diciamo	dicevamo	dicemmo	diremo
dite	dicevate	diceste	direte
dịcono	dicẹvano	dịssero	diranno

Passato prossimo		Trapassato prossimo		Trapassato remoto		Futuro anteriore	
ho	detto	avevo	detto	ebbi	detto	avrò	detto
hai	detto	avevi	detto	avesti	detto	avrai	detto
ha	detto	aveva	detto	ebbe	detto	avrà	detto
abbiamo	detto	avevamo	detto	avemmo	detto	avremo	detto
avete	detto	avevate	detto	aveste	detto	avrete	detto
hanno	detto	avẹvano	detto	ẹbbero	detto	avranno	detto

Congiuntivo

Presente	Passato		Imperfetto	Trapassato	
dica	abbia	detto	dicessi	avessi	detto
dica	abbia	detto	dicessi	avessi	detto
dica	abbia	detto	dicesse	avesse	detto
diciamo	abbiamo	detto	dicẹssimo	avẹssimo	detto
diciate	abbiate	detto	diceste	aveste	detto
dịcano	ạbbiano	detto	dicẹssero	avẹssero	detto

Condizionale

Presente	Passato	
direi	avrei	detto
diresti	avresti	detto
direbbe	avrebbe	detto
diremmo	avremmo	detto
direste	avreste	detto
dirẹbbero	avrẹbbero	detto

Imperativo

Presente
–
di'
dica
diciamo
dite
dịcano

Modi indefiniti

Presente	Passato
Infinito	
dire	avere detto
Gerundio	
dicendo	avendo detto
Participio	
dicente	detto

3.3.4   morire *sterben*

Indicativo

Presente	Imperfetto	Passato remoto	Futuro semplice
muoio	morivo	morii	morirò/morrò
muori	morivi	moristi	morirai/morrai
muore	moriva	morì	morirà/morrà
moriamo	morivamo	morimmo	moriremo/morremo
morite	morivate	moriste	morirete/morrete
muoiono	morivano	morirono	moriranno/morranno

Passato prossimo		Trapassato prossimo		Trapassato remoto		Futuro anteriore	
sono	morto/-a	ero	morto/-a	fui	morto/-a	sarò	morto/-a
sei	morto/-a	eri	morto/-a	fosti	morto/-a	sarai	morto/-a
è	morto/-a	era	morto/-a	fu	morto/-a	sarà	morto/-a
siamo	morti/-e	eravamo	morti/-e	fummo	morti/-e	saremo	morti/-e
siete	morti/-e	eravate	morti/-e	foste	morti/-e	sarete	morti/-e
sono	morti/-e	erano	morti/-e	furono	morti/-e	saranno	morti/-e

Congiuntivo

Presente	Passato		Imperfetto	Trapassato	
muoia	sia	morto/-a	morissi	fossi	morto/-a
muoia	sia	morto/-a	morissi	fossi	morto/-a
muoia	sia	morto/-a	morisse	fosse	morto/-a
moriamo	siamo	morti/-e	morissimo	fossimo	morti/-e
moriate	siate	morti/-e	moriste	foste	morti/-e
muoiano	siano	morti/-e	morissero	fossero	morti/-e

Condizionale

Presente	Passato	
morirei/morrei	sarei	morto/-a
moriresti/morresti	saresti	morto/-a
morirebbe/morrebbe	sarebbe	morto/-a
moriremmo/morremmo	saremmo	morti/-e
morireste/morreste	sareste	morti/-e
morirebbero/morrebbero	sarebbero	morti/-e

Imperativo

Presente
–
muori
muoia
moriamo
morite
muoiano

Modi indefiniti

Presente	Passato
Infinito	
morire	essere morto
Gerundio	
morendo	essendo morto
Participio	
morente	morto

3.3.5   offrire *anbieten*

Indicativo

Presente	Imperfetto	Passato remoto	Futuro semplice
offro	offrivo	offrii	offrirò
offri	offrivi	offristi	offrirai
offre	offriva	offrì	offrirà
offriamo	offrivamo	offrimmo	offriremo
offrite	offrivate	offriste	offrirete
offrono	offrivano	offrirono	offriranno

Passato prossimo		Trapassato prossimo		Trapassato remoto		Futuro anteriore	
ho	offerto	avevo	offerto	ebbi	offerto	avrò	offerto
hai	offerto	avevi	offerto	avesti	offerto	avrai	offerto
ha	offerto	aveva	offerto	ebbe	offerto	avrà	offerto
abbiamo	offerto	avevamo	offerto	avemmo	offerto	avremo	offerto
avete	offerto	avevate	offerto	aveste	offerto	avrete	offerto
hanno	offerto	avevano	offerto	ebbero	offerto	avranno	offerto

Congiuntivo

Presente	Passato		Imperfetto	Trapassato	
offra	abbia	offerto	offrissi	avessi	offerto
offra	abbia	offerto	offrissi	avessi	offerto
offra	abbia	offerto	offrisse	avesse	offerto
offriamo	abbiamo	offerto	offrissimo	avessimo	offerto
offriate	abbiate	offerto	offriste	aveste	offerto
offrano	abbiano	offerto	offrissero	avessero	offerto

Condizionale

Presente	Passato	
offrirei	avrei	offerto
offriresti	avresti	offerto
offrirebbe	avrebbe	offerto
offriremmo	avremmo	offerto
offrireste	avreste	offerto
offrirebbero	avrebbero	offerto

Imperativo

Presente
–
offri
offra
offriamo
offrite
offrano

Modi indefiniti

Presente	Passato
Infinito	
offrire	avere offerto
Gerundio	
offrendo	avendo offerto
Participio	
offerente	offerto

3.3.6 riempire *(auf)füllen, ausfüllen*

Indicativo

Presente	Imperfetto	Passato remoto	Futuro semplice
riempio	riempivo	riempii	riempirò
riempi	riempivi	riempisti	riempirai
riempie	riempiva	riempì	riempirà
riempiamo	riempivamo	riempimmo	riempiremo
riempite	riempivate	riempiste	riempirete
riempiono	riempivano	riempirono	riempiranno

Passato prossimo		Trapassato prossimo		Trapassato remoto		Futuro anteriore	
ho	riempito	avevo	riempito	ebbi	riempito	avrò	riempito
hai	riempito	avevi	riempito	avesti	riempito	avrai	riempito
ha	riempito	aveva	riempito	ebbe	riempito	avrà	riempito
abbiamo	riempito	avevamo	riempito	avemmo	riempito	avremo	riempito
avete	riempito	avevate	riempito	aveste	riempito	avrete	riempito
hanno	riempito	avevano	riempito	ebbero	riempito	avranno	riempito

Congiuntivo

Presente	Passato		Imperfetto	Trapassato	
riempia	abbia	riempito	riempissi	avessi	riempito
riempia	abbia	riempito	riempissi	avessi	riempito
riempia	abbia	riempito	riempisse	avesse	riempito
riempiamo	abbiamo	riempito	riempissimo	avessimo	riempito
riempiate	abbiate	riempito	riempiste	aveste	riempito
riempiano	abbiano	riempito	riempissero	avessero	riempito

Condizionale

Presente	Passato	
riempirei	avrei	riempito
riempiresti	avresti	riempito
riempirebbe	avrebbe	riempito
riempiremmo	avremmo	riempito
riempireste	avreste	riempito
riempirebbero	avrebbero	riempito

Imperativo

Presente
–
riempi
riempia
riempiamo
riempite
riempiano

Modi indefiniti

Presente	Passato
Infinito	
riempire	avere riempito
Gerundio	
riempiendo	avendo riempito
Participio	
riempiente	riempito

3.3.7 salire *hinaufgehen, (hinauf)steigen, einsteigen*

▶ Für die zusammengesetzten Zeiten verlangt **salire** das Hilfsverb **avere**, wenn es **transitiv** gebraucht wird: **ho salito le scale** (*ich bin die Treppe hinaufgegangen*) (→ S. 13).

Indicativo

Presente	Imperfetto	Passato remoto	Futuro semplice
salgo	salivo	salii	salirò
sali	salivi	salisti	salirai
sale	saliva	salì	salirà
saliamo	salivamo	salimmo	saliremo
salite	salivate	saliste	salirete
salgono	salivano	salirono	saliranno

Passato prossimo	Trapassato prossimo	Trapassato remoto	Futuro anteriore
sono salito/-a	ero salito/-a	fui salito/-a	sarò salito/-a
sei salito/-a	eri salito/-a	fosti salito/-a	sarai salito/-a
è salito/-a	era salito/-a	fu salito/-a	sarà salito/-a
siamo saliti/-e	eravamo saliti/-e	fummo saliti/-e	saremo saliti/-e
siete saliti/-e	eravate saliti/-e	foste saliti/-e	sarete saliti/-e
sono saliti/-e	erano saliti/-e	furono saliti/-e	saranno saliti/-e

Congiuntivo

Presente	Passato	Imperfetto	Trapassato
salga	sia salito/-a	salissi	fossi salito/-a
salga	sia salito/-a	salissi	fossi salito/-a
salga	sia salito/-a	salisse	fosse salito/-a
saliamo	siamo salito/-a	salissimo	fossimo saliti/-e
saliate	siate saliti/-e	saliste	foste saliti/-e
salgano	siano saliti/-e	salissero	fossero saliti/-e

Condizionale

Presente	Passato
salirei	sarei salito/-a
saliresti	saresti salito/-a
salirebbe	sarebbe salito/-a
saliremmo	saremmo saliti/-e
salireste	sareste saliti/-e
salirebbero	sarebbero saliti/-e

Imperativo

Presente
–
sali
salga
saliamo
salite
salgano

Modi indefiniti

Presente	Passato
Infinito	
salire	essere salito
Gerundio	
salendo	essendo salito
Participio	
salente	salito

3.3.8 udire *hören*

Indicativo

Presente	Imperfetto	Passato remoto	Futuro semplice
odo	udivo	udii	udirò/udrò
odi	udivi	udisti	udirai/udrai
ode	udiva	udì	udirà/udrà
udiamo	udivamo	udimmo	udiremo/udremo
udite	udivate	udiste	udirete/udrete
odono	udivano	udirono	udiranno/udranno

Passato prossimo	Trapassato prossimo	Trapassato remoto	Futuro anteriore
ho udito	avevo udito	ebbi udito	avrò udito
hai udito	avevi udito	avesti udito	avrai udito
ha udito	aveva udito	ebbe udito	avrà udito
abbiamo udito	avevamo udito	avemmo udito	avremo udito
avete udito	avevate udito	aveste udito	avrete udito
hanno udito	avevano udito	ebbero udito	avranno udito

Congiuntivo

Presente	Passato	Imperfetto	Trapassato
oda	abbia udito	udissi	avessi udito
oda	abbia udito	udissi	avessi udito
oda	abbia udito	udisse	avesse udito
udiamo	abbiamo udito	udissimo	avessimo udito
udiate	abbiate udito	udiste	aveste udito
odano	abbiano udito	udissero	avessero udito

Condizionale

Presente	Passato
udirei/udrei	avrei udito
udiresti/udresti	avresti udito
udirebbe/udrebbe	avrebbe udito
udiremmo/udremmo	avremmo udito
udireste/udreste	avreste udito
udirebbero/udrebbero	avrebbero udito

Imperativo

Presente
–
odi
oda
udiamo
udite
odano

Modi indefiniti

Presente	Passato
Infinito	
udire	avere udito
Gerundio	
udendo	avendo udito
Participio	
udente	udito

3.3.9 uscire *(hin)ausgehen*

▶ Zur Aussprache von **-sc-** + **-o/-a/-i/-e** → S. 14.

Indicativo

Presente	Imperfetto	Passato remoto	Futuro semplice
esco	uscivo	uscii	uscirò
esci	uscivi	uscisti	uscirai
esce	usciva	uscì	uscirà
usciamo	uscivamo	uscimmo	usciremo
uscite	uscivate	usciste	uscirete
escono	uscivano	uscirono	usciranno

Passato prossimo	Trapassato prossimo	Trapassato remoto	Futuro anteriore
sono uscito/-a	ero uscito/-a	fui uscito/-a	sarò uscito/-a
sei uscito/-a	eri uscito/-a	fosti uscito/-a	sarai uscito/-a
è uscito/-a	era uscito/-a	fu uscito/-a	sarà uscito/-a
siamo usciti/-e	eravamo usciti/-e	fummo usciti/-e	saremo usciti/-e
siete usciti/-e	eravate usciti/-e	foste usciti/-e	sarete usciti/-e
sono usciti/-e	erano usciti/-e	furono usciti/-e	saranno usciti/-e

Congiuntivo

Presente	Passato	Imperfetto	Trapassato
esca	sia uscito/-a	uscissi	fossi uscito/-a
esca	sia uscito/-a	uscissi	fossi uscito/-a
esca	sia uscito/-a	uscisse	fosse uscito/-a
usciamo	siamo usciti/-e	uscissimo	fossimo usciti/-e
usciate	siate usciti/-e	usciste	foste usciti/-e
escano	siano usciti/-e	uscissero	fossero usciti/-e

Condizionale

Presente	Passato	
uscirei	sarei	uscito/-a
usciresti	saresti	uscito/-a
uscirebbe	sarebbe	uscito/-a
usciremmo	saremmo	usciti/-e
uscireste	sareste	usciti/-e
uscirebbero	sarebbero	usciti/-e

Imperativo

Presente
–
esci
esca
usciamo
uscite
escano

Modi indefiniti

Presente	Passato
Infinito	
uscire	essere uscito
Gerundio	
uscendo	essendo uscito
Participio	
uscente	uscito

3.3.10 venire *kommen*

▶ **Venire** wird auch zur Bildung des Passivs (→ 4.2) benutzt.

Indicativo

Presente	Imperfetto	Passato remoto	Futuro semplice
vengo	venivo	venni	verrò
vieni	venivi	venisti	verrai
viene	veniva	venne	verrà
veniamo	venivamo	venimmo	verremo
venite	venivate	veniste	verrete
vengono	venivano	vennero	verranno

Passato prossimo	Trapassato prossimo	Trapassato remoto	Futuro anteriore
sono venuto/-a	ero venuto/-a	fui venuto/-a	sarò venuto/-a
sei venuto/-a	eri venuto/-a	fosti venuto/-a	sarai venuto/-a
è venuto/-a	era venuto/-a	fu venuto/-a	sarà venuto/-a
siamo venuti/-e	eravamo venuti/-e	fummo venuti/-e	saremo venuti/-e
siete venuti/-e	eravate venuti/-e	foste venuti/-e	sarete venuti/-e
sono venuti/-e	erano venuti/-e	furono venuti/-e	saranno venuti/-e

Congiuntivo

Presente	Passato	Imperfetto	Trapassato
venga	sia venuto/-a	venissi	fossi venuto/-a
venga	sia venuto/-a	venissi	fossi venuto/-a
venga	sia venuto/-a	venisse	fosse venuto/-a
veniamo	siamo venuti/-e	venissimo	fossimo venuti/-e
veniate	siate venuti/-e	veniste	foste venuti/-e
vengano	siano venuti/-e	venissero	fossero venuti/-e

Condizionale

Presente	Passato
verrei	sarei venuto/-a
verresti	saresti venuto/-a
verrebbe	sarebbe venuto/-a
verremmo	saremmo venuti/-e
verreste	sareste venuti/-e
verrebbero	sarebbero venuti/-e

Imperativo

Presente
–
vieni
venga
veniamo
venite
vengano

Modi indefiniti

Presente	Passato
Infinito	
venire	essere venuto
Gerundio	
venendo	essendo venuto
Participio	
(veniente)	venuto

4 Passiv
4.1 essere lodato *gelobt werden*

▶ Hier sind nur die männlichen Formen des Partizips angegeben. Ist das Subjekt weiblich Singular oder Plural, endet das Partizip auf -a bzw. -e: Rosa è stata lodata; Rosa e Tina sono state lodate.

Indicativo

Presente	Imperfetto	Passato remoto	Futuro semplice
sono lodato	ero lodato	fui lodato	sarò lodato
sei lodato	eri lodato	fosti lodato	sarai lodato
è lodato	era lodato	fu lodato	sarà lodato
siamo lodati	eravamo lodati	fummo lodati	saremo lodati
siete lodati	eravate lodati	foste lodati	sarete lodati
sono lodati	erano lodati	furono lodati	saranno lodati

Passato prossimo	Trapassato prossimo	Trapassato remoto	Futuro anteriore
sono stato lodato	ero stato lodato	fui stato lodato	sarò stato lodato
sei stato lodato	eri stato lodato	fosti stato lodato	sarai stato lodato
è stato lodato	era stato lodato	fu stato lodato	sarà stato lodato
siamo stati lodati	eravamo stati lodati	fummo stati lodati	saremo stati lodati
siete stati lodati	eravate stati lodati	foste stati lodati	sarete stati lodati
sono stati lodati	erano stati lodati	furono stati lodati	saranno stati lodati

Congiuntivo

Presente	Passato	Imperfetto	Trapassato
sia lodato	sia stato lodato	fossi lodato	fossi stato lodato
sia lodato	sia stato lodato	fossi lodato	fossi stato lodato
sia lodato	sia stato lodato	fosse lodato	fosse stato lodato
siamo lodati	siamo stati lodati	fossimo lodati	fossimo stati lodati
siate lodati	siate stati lodati	foste lodati	foste stati lodati
siano lodati	siano stati lodati	fossero lodati	fossero stati lodati

Condizionale

Presente	Passato
sarei lodato	sarei stato lodato
saresti lodato	saresti stato lodato
sarebbe lodato	sarebbe stato lodato
saremmo lodati	saremmo stati lodati
sareste lodati	sareste stati lodati
sarebbero lodati	sarebbero stati lodati

Imperativo

Presente
–
sii lodato
sia lodato
siamo lodati
siate lodati
siano lodati

Modi indefiniti

Presente	Passato
Infinito	
essere lodato	essere stato lodato
Gerundio	
essendo lodato	essendo stato lodato
Participio	
–	(stato) lodato

4.2 venire lodato *gelobt werden*

▶ Das Passiv mit **venire** wird nur bei den einfachen Zeiten gebraucht.

Indicativo

Presente	Imperfetto	Passato remoto	Futuro semplice
vengo lodato/-a	venivo lodato/-a	venni lodato/-a	verrò lodato/-a
vieni lodato/-a	venivi lodato/-a	venisti lodato/-a	verrai lodato/-a
viene lodato/-a	veniva lodato/-a	venne lodato/-a	verrà lodato/-a
veniamo lodati/-e	venivamo lodati/-e	venimmo lodati/-e	verremo lodati/-e
venite lodati/-e	venivate lodati/-e	veniste lodati/-e	verrete lodati/-e
vengono lodati/-e	venivano lodati/-e	vennero lodati/-e	verranno lodati/-e

Passato prossimo	Trapassato prossimo	Trapassato remoto	Futuro anteriore
–	–	–	–
–	–	–	–
–	–	–	–
–	–	–	–
–	–	–	–
–	–	–	–

Congiuntivo

Presente	Passato	Imperfetto	Trapassato
venga lodato/-a	–	venissi lodato/-a	–
venga lodato/-a	–	venissi lodato/-a	–
venga lodato/-a	–	venisse lodato/-a	–
veniamo lodati/-e	–	venissimo lodati/-e	–
veniate lodati/-e	–	veniste lodati/-e	–
vengano lodati/-e	–	venissero lodati/-e	–

Condizionale

Presente	Passato
verrei lodato/-a	–
verresti lodato/-a	–
verrebbe lodato/-a	–
verremmo lodati/-e	–
verreste lodati/-e	–
verrebbero lodati/-e	–

Imperativo

Presente
–
vieni lodato/-a
venga lodato/-a
veniamo lodati/-e
venite lodati/-e
vengano lodati/-e

Modi indefiniti

Presente	Passato
Infinito	
venire lodato	–
Gerundio	
venendo lodato	–
Participio	
–	–

4.3 andare lodato *gelobt werden müssen*

▶ Das Passiv mit **andare** wird nur bei den einfachen Zeiten gebraucht.

Indicativo

Presente		Imperfetto		Passato remoto		Futuro semplice	
vado	lodato/-a	andavo	lodato/-a	andai	lodato/-a	andrò	lodato/-a
vai	lodato/-a	andavi	lodato/-a	andasti	lodato/-a	andrai	lodato/-a
va	lodato/-a	andava	lodato/-a	andò	lodato/-a	andrà	lodato/-a
andiamo	lodati/-e	andavamo	lodati/-e	andammo	lodati/-e	andremo	lodati/-e
andate	lodati/-e	andavate	lodati/-e	andaste	lodati/-e	andrete	lodati/-e
vanno	lodati/-e	andavano	lodati/-e	andarono	lodati/-e	andranno	lodati/-e

Passato prossimo	Trapassato prossimo	Trapassato remoto	Futuro anteriore
–	–	–	–
–	–	–	–
–	–	–	–
–	–	–	–
–	–	–	–
–	–	–	–

Congiuntivo

Presente		Passato	Imperfetto		Trapassato
vada	lodato/-a	–	andassi	lodato/-a	–
vada	lodato/-a	–	andassi	lodato/-a	–
vada	lodato/-a	–	andasse	lodato/-a	–
andiamo	lodati/-e	–	andassimo	lodati/-e	–
andiate	lodati/-e	–	andaste	lodati/-e	–
vadano	lodati/-e	–	andassero	lodati/-e	–

Condizionale

Presente		Passato
andrei	lodato/-a	–
andresti	lodato/-a	–
andrebbe	lodato/-a	–
andremmo	lodati/-e	–
andreste	lodati/-e	–
andrebbero	lodati/-e	–

Imperativo

Presente
–
–
–
–
–
–

Modi indefiniti

Presente	Passato
Infinito	
andare lodato	–
Gerundio	
andando lodato	–
Participio	
–	–

Verben mit und ohne Präpositionen

Die folgende Tabelle enthält eine Auswahl häufig gebrauchter italienischer Verben, die eine bestimmte Präposition – meist eine andere als im Deutschen – verlangen oder die im Gegensatz zum Deutschen ohne Präposition (bzw. mit Akkusativobjekt) verwendet werden, mit deutscher Übersetzung.

Abkürzungen:

qlcu. = qualcuno	jdm. = jemandem	jdn. = jemanden	jds. = jemandes
qlco. = qualcosa	etw. = etwas		

A

abituarsi a qlcu./qlco.	sich an jdn./etw. gewöhnen
abusare di qlcu./qlco.	jdn./etw. missbrauchen
accanirsi contro qlcu.	sich über jdn. erbosen
accennare a qlcu./qlco.	sich auf jdn./etw. beziehen, jdn./etw. andeuten
accettare di fare qlco.	akzeptieren, etw. zu tun
acconsentire a qlco.	auf etw. eingehen
accontentarsi di qlco.	sich mit etw. zufrieden geben
accorgersi di qlco.	etw. bemerken
accusare qlcu. di qlco.	jdn. einer Sache beschuldigen
aderire a qlco.	an etw. haften, sich etw. anschließen, etw. beitreten
affezionarsi a qlcu./qlco.	jdn./etw. liebgewinnen
affrettarsi a fare qlco.	sich beeilen, etw. zu tun
affrontare qlcu./qlco.	jdm./etw. entgegentreten, sich mit etw. beschäftigen
alludere a qlco.	auf etw. anspielen
aiutare qlcu. a fare qlco.	jdm. helfen, etw. zu tun
andare a fare qlco.	etw. tun gehen
approfittare di qlcu./qlco.	jdn./etw. nutzen
arrabbiarsi con qlcu.	sich über jdn. ärgern/aufregen, auf jdn. böse werden
arrabbiarsi per qlco.	sich wegen etw. ärgern/aufregen
ascoltare qlcu.	jdm. zuhören
aspettare qlcu./qlco.	auf jdn./etw. warten
assistere a qlco.	etw. beiwohnen
assistere qlcu.	jdm. beistehen
astenersi da qlco.	sich einer Sache enthalten
augurare qlco. a qlcu.	jdm. etw. wünschen
augurarsi di fare qlco.	sich wünschen, etw. zu tun
avvertire qlcu. di qlco.	jdn. von etw. verständigen

B

badare a qlcu./qlco.	auf jdn./etw. achten
basarsi su qlco.	sich auf etw. stützen
brindare a qlcu./qlco.	auf jdn./etw. anstoßen
burlarsi di qlcu.	sich über jdn. lustig machen
buttarsi in qlco.	sich in etw. stürzen

C

cavarsela con qlco.	mit etw. zurechtkommen
chiedere qlco. a qlcu.	jdn. nach etw. fragen, jdn. um etw. bitten
chiedere di qlcu.	sich nach jdm. erkundigen, nach jdm. fragen
cimentarsi in qlco.	sich an etw. versuchen
cominciare a fare qlco.	anfangen, etw. zu tun
cominciare da qlco.	bei etw. anfangen
concorrere a qlco.	zu etw. beitragen
confidarsi con qlcu.	sich jdm. anvertrauen
congratularsi con qlcu. di/per qlco.	jdm. zu etw. gratulieren
consigliare a qlcu. di fare qlco.	jdm. raten, etw. zu tun
consigliare qlco. a qlcu.	jdm. zu etw. raten, jdm etw. empfehlen
consigliarsi con qlcu.	sich bei jdm. Rat holen
consistere di/in qlco.	aus etw. bestehen
continuare a fare qlco.	etw. weitermachen
contraddire qlcu.	jdm. widersprechen
convenire con qlcu. su qlco.	mit jdm. über etw. übereinstimmen
convincere qlcu. di qlco.	jdn. von etw. überzeugen
credere a qlcu./qlco.	jdm. glauben
credere in qlcu./qlco.	an jdn./etw. glauben

D

decidere di fare qlco.	beschließen, etw. zu tun
dedicarsi a qlco.	sich einer Sache widmen, sich mit etw. beschäftigen
dedicarsi a qlcu.	sich jdm. widmen
diffidare di qlcu./qlco.	jdm./etw. misstrauen
diffidare da qlco.	vor etw. warnen
dimenticare di fare qlco.	vergessen, etw. zu tun
dire qlco. a qlcu.	jdm. etw. sagen
dire di fare qlco.	jdm. sagen, etw. zu tun
discutere di/su qlco.	über etw. diskutieren
disperare di qlco.	die Hoffnung auf etw. verlieren
disporre di qlco.	über etw. verfügen
dissuadere qlcu. da qlco.	jdm. von etw. abraten
divertirsi a fare qlco.	Freude an etw. haben
domandare qlco. a qlcu.	jdn. etw./nach etw. fragen
dubitare di qlcu./qlco.	an jdm./etw. zweifeln

E

eccellere in qlco.	über etw. hervorragen

emergere in qlco.	über etw. hinausragen
esagerare in qlco.	etw. übertreiben
escludere qlcu. da qlco.	jdn. von etw. ausschließen
esonerare da qlco.	von etw. befreien
evitare di fare qlco.	vermeiden, etw. zu tun

F

fantasticare su qlco.	von etw. phantasieren
fidarsi di qlcu.	jdm. vertrauen
finire di fare qlco.	aufhören, etw. zu tun
fissarsi su qlco.	sich etw. in den Kopf setzen, auf etw. bestehen
fregarsene di qlcu./qlco.	auf jdn./etw. pfeifen

G

garantire qlco.	für etw. bürgen, für etw. einstehen
gloriarsi di qlco.	mit etw. prahlen
giurare di fare qlco.	schwören, etw. zu tun
guardarsi da qlcu./qlco.	sich vor jdm./etw. hüten, sich einer Sache enthalten

I

imbattersi in qlcu./qlco.	auf jdn./etw. stoßen
impadronirsi di qlco.	sich einer Sache bemächtigen
imparare a fare qlco.	etw. zu tun lernen
imparare qlco. da qlcu.	von jdm etw. lernen
impegnarsi a fare qlco.	sich verpflichten, etw. zu tun
impegnarsi in qlco.	sich einer Sache widmen
imporre qlco. a qlcu.	jdn. zu etw. zwingen
incaricarsi di qlco.	etw. auf sich nehmen
incoraggiare qlcu. a fare qlco.	jdn. ermutigen, etw. zu tun
indugiare a fare qlco.	zögern, etw. zu tun
indurre qlcu. a fare qlco.	jdn. veranlassen, etw. zu tun
informare qlcu. di qlco.	jdn. über etw. unterrichten
informarsi di/su qlcu./qlco.	sich nach jdm./etw. erkundigen
innamorarsi di qlcu.	sich in jdn. verlieben
insegnare qlco. a qlcu.	jdn etw. lehren, jdm. etw. beibringen
interessarsi di qlcu./qlco.	sich für jdn./etw. interessieren
iscriversi a qlco.	sich bei etw. anmelden

L

lamentarsi di qlcu./qlco.	sich über jdn./etw. beschweren
liberare da qlco.	von etw. befreien
limitarsi a qlco.	sich auf etw. beschränken
lusingare qlcu.	jdm. schmeicheln

M

mendicare qlco.	um etw. betteln
meravigliarsi di qlcu./qlco.	sich über jdn./etw. wundern
meritare di fare qlco.	verdienen, etw. zu tun
mettersi a fare qlco.	anfangen, etw. zu tun

minacciare qlcu. di qlco.	jdm. mit etw. drohen
mirare a qlco.	auf etw. hinzielen/abzielen
N	
negoziare qlco.	über etw. verhandeln
nutrirsi con/di qlco.	sich von etw. ernähren
O	
obbligare qlcu. a fare qlco.	jdn. zwingen, etw. zu tun
odorare qlco.	an etw. riechen
onorare qlcu. con/di qlco.	jdn. mit etw. beehren
ostinarsi in qlco.	sich auf etw. versteifen
P	
paragonare qlcu./qlco. a/con qlcu./qlco.	jdn./etw. mit jdm./etw. vergleichen
parlare di qlcu./qlco.	über jdn./etw. sprechen
partecipare a qlco.	an etw. teilnehmen
pensare a qlcu./qlco.	an jdn./etw. denken
pensare di fare qlco.	vorhaben, etw. zu tun
pentirsi di qlco.	etw. bereuen
permettere a qlcu. di fare qlco.	jdm. erlauben, etw. zu tun
pregare qlcu. di fare qlco.	jdn. bitten, etw. zu tun
premere qlco.	auf etw. drücken
preoccuparsi di/per qlcu./qlco.	sich um jdn./etw. Sorgen machen
prepararsi a qlco.	sich auf etw. vorbereiten
prevenire qlcu./qlco.	jdm./einer Sache zuvorkommen
promettere qlco. a qlcu.	jdm. etw. versprechen
promettere di fare qlco.	versprechen, etw. zu tun
propendere a fare qlco.	dazu neigen, etw. zu tun
propendere per qlco.	zu etw. neigen
proporsi di fare qlco.	sich vornehmen, etw. zu tun
proteggere qlcu. da qlco.	jdn. vor etw. schützen
provare a fare qlco.	versuchen, etw. zu tun
provvedere a qlcu./qlco.	für jdn./etw. sorgen
puntare qlco. contro/verso qlcu.	etw. auf jdn. richten
puzzare di qlco.	nach etw. stinken
R	
rallegrarsi di qlco.	sich über etw. freuen
rammaricarsi di qlco.	etw. bedauern
rassegnarsi a fare qlco.	sich damit abfinden, etw. zu tun
reagire a qlcu./qlco.	auf jdn./etw. reagieren
riconoscere qlcu./qlco. da qlco.	jdn./etw. an etw. erkennen
ricordare qlco. a qlcu.	jdn. an etw. erinnern
ricordarsi di qlco.	sich an etw. erinnern
ridere di qlcu./qlco.	über jdn./etw. lachen
rifiutarsi di fare qlco.	sich weigern, etw. zu tun
riflettere su qlco.	über etw. nachdenken/etw. überlegen
ringraziare qlcu. di/per qlco.	sich bei jdm. für etw. bedanken

rinunciare a qlco.	auf etw. verzichten
rischiare di fare qlco.	riskieren, etw. zu tun
rispondere a qlco.	etw. beantworten
rispondere a qlcu.	jdm. antworten
riuscire a fare qlco.	gelingen, etw. zu tun
riuscire in qlco.	etw. können, eine Anlage zu etw. haben
rivolgersi a qlcu.	sich an jdn. wenden

S

sapere qlco. da qlcu.	etw. von jdm. erfahren
sapere qlco. di qlcu./qlco.	etw. von jdm./etw. wissen
scusarsi con qlcu. di/per qlco.	sich bei jdm. für etw. entschuldigen
seguire qlcu./qlco.	jdm./etw. folgen
servire qlcu.	jdm. dienen
servire a qlco.	zu einer Sache dienen
servirsi di qlco.	sich einer Sache bedienen
smettere di fare qlco.	aufhören, etw. zu tun
soffrire di qlco.	an/unter etw. leiden
sognare qlcu./qlco.	von jdm./etw. träumen
sospettare qlcu. di qlco.	jdn. einer Sache verdächtigen
sostituire qlcu./qlco. a/con qlcu./qlco.	jdn./etw. durch jdn./etw. ersetzen
sperare di fare qlco.	hoffen, etw. zu tun
sperare in qlcu./qlco.	auf jdn./etw. hoffen
stravedere per qlcu.	eine besondere Zuneigung zu jdm. haben

T

tardare a fare qlco.	zögern, etw. zu tun
telefonare a qlcu.	mit jdm. telefonieren, jdn. anrufen
tendere a qlco.	nach etw. streben
tentare di fare qlco.	versuchen, etw. zu tun
tradurre da qlco.	aus etw. übersetzen
tutelarsi contro qlco.	sich vor etw. schützen

V

vantarsi di qlco.	sich einer Sache rühmen
vendicarsi di qlco.	sich für etw. rächen
vergognarsi di qlcu./qlco.	sich jds./einer Sache schämen
vietare di fare qlco.	verbieten, etw. zu tun

Alphabetisches Verbregister
Italienisch – Deutsch

- Nach dem italienischen Verb geben wir das Hilfsverb (**avere** oder **ẹssere** oder beide) an, mit dem die zusammengesetzten Zeiten gebildet werden; danach folgt der Verweis auf das entsprechende Musterverb in den Verbtabellen, das genauso konjugiert wird; danach finden Sie die deutsche Übersetzung.
- In Klammern werden die Besonderheiten angegeben, die das aufgelistete Verb vom Musterverb unterscheiden.
- Der Strich (–) weist darauf hin, dass das **participio passato** fehlt und folglich die zusammengesetzten Zeiten nicht gebildet werden können.
- Die Musterverben sind **blau** markiert.
- Im Falle eines unregelmäßigen reflexiven Verbs wird auf das zugrunde liegende unregelmäßige Musterverb verwiesen. Um daraus ein reflexives Verb zu bilden, muss man die Reflexivpronomen (**mi, ti, si, ci, vi, si**) voranstellen, wie dies in den Tabellen der regelmäßigen reflexiven Verben dargestellt wurde (→ 2.4.1–4). Beispiel:
  avvalersi → Musterverb **valere** (3.2.35)
  Indicativo presente: mi avvalgo, ti avvali, si avvale, ci avvaliamo, vi avvalete, si avvạlgono

A

abbaiare avere → 2.1.9 bellen
abbandonare avere → 2.1.1 verlassen
abbassare avere → 2.1.1 niedriger machen, senken
abbạttere avere → 2.2.1 niederwerfen, abreißen, umbringen
abbellire avere → 2.3.2 verschönern, schmücken
abbinare avere → 2.1.1 koppeln, kombinieren
abbracciare avere → 2.1.5 umarmen
abbrustolire avere → 2.3.2 rösten
abitare avere → 2.1.2 wohnen
abituare avere → 2.1.2 gewöhnen
abortire avere → 2.3.2 abtreiben, eine Fehlgeburt haben
abusare avere → 2.1.1 missbrauchen
accadere ẹssere → 3.2.2 geschehen, passieren, vorkommen
accanirsi ẹssere → 2.4.4 sich erbosen

accarezzare avere → 2.1.1 liebkosen, streicheln
accelerare avere → 2.1.2 beschleunigen
accẹndere avere → 3.2.42 anzünden, einschalten
accettare avere → 2.1.1 annehmen, zulassen
acchiappare avere → 2.1.1 fangen
accịngersi ẹssere → 3.2.64 sich anschicken
acclụdere avere → 3.2.4 beifügen
accọgliere avere → 3.2.5 empfangen, aufnehmen, annehmen
accomodare avere → 2.1.2 ausbessern, reparieren
accompagnare avere → 2.1.1 begleiten
accondiscẹndere avere → 3.2.28 einwilligen
acconsentire avere → 2.3.1 eingehen, zustimmen, bewilligen

accontentare avere → 2.1.1
zufrieden stellen
accorciare avere → 2.1.5 verkürzen,
abkürzen
accorgersi essere → 3.2.88 merken,
bemerken
accorrere essere → 3.2.50 herbeeilen
accrescere avere/essere → 3.2.51
erhöhen, vergrößern
accudire avere → 2.3.2 versorgen,
pflegen
accumulare avere → 2.1.2 häufen
accusare avere → 2.1.1 beschuldigen,
vorwerfen
acquisire avere → 2.3.2 erwerben
acquistare avere → 2.1.1 kaufen
adattare avere → 2.1.1 anpassen
addivenire essere → 3.3.10 gelangen
addobbare avere → 2.1.1 dekorieren,
ausstatten
addolcire essere → 2.3.2 süßen
addolorare avere → 2.1.1 betrüben,
leid tun
addormentarsi essere → 2.4.1
einschlafen
addurre avere → 3.2.7 anführen,
vorbringen
adeguare avere → 2.1.1 angleichen,
anpassen
adempiere avere → 3.2.6 erfüllen
adempire avere → 2.3.2 erfüllen
aderire avere → 2.3.2 haften, sich
anschließen, beitreten
adibire avere → 2.3.2 benutzen
adoperare avere → 2.1.2 gebrauchen
adorare avere → 2.1.1 anbeten,
verehren
adottare avere → 2.1.1 adoptieren,
annehmen
affacciarsi essere → 2.1.5 sich
zeigen, blicken
affermare avere → 2.1.1 behaupten
afferrare avere → 2.1.1 fassen,
ergreifen
affettare avere → 2.1.1 in Scheiben
schneiden
affezionarsi essere → 2.4.1
Zuneigung entwickeln
affidare avere → 2.1.1 anvertrauen

affievolire avere/essere → 2.3.2
schwächen
affiggere avere → 3.2.40 anschlagen
affittare avere → 2.1.1 vermieten
affliggere avere → 3.2.41 plagen
affluire essere → 2.3.2 zufließen
affogare avere/essere → 2.1.4
ertränken, ertrinken
affondare avere/essere → 2.1.1 ver-
senken
affrancare avere → 2.1.3 frankieren
affrontare avere → 2.1.1 angreifen,
entgegentreten
aggiungere avere → 3.2.68 hinzu-
fügen
aggiustare avere → 2.1.1 reparieren
aggredire avere → 2.3.2 überfallen
agire avere → 2.3.2 handeln, wirken
agitare avere → 2.1.2 schwanken,
schütteln
aiutare avere → 2.1.1 helfen
allacciare avere → 2.1.5 zubinden
allargare avere → 2.1.4 verbreitern,
ausbreiten
allattare avere → 2.1.1 stillen
alleggerire avere → 2.3.2 leichter
machen, erleichtern
allestire avere → 2.3.2 vorbereiten
allibire essere → 2.3.2 verblüfft sein
alloggiare avere → 2.1.6 unter-
bringen
allontanarsi essere → 2.4.1 sich
entfernen
alludere avere → 3.2.4 anspielen
alzare avere → 2.1.1 heben
alzarsi essere → 2.4.1 sich erheben,
aufstehen
amare avere → 2.1.1 lieben
ambientarsi essere → 2.4.1 sich
eingewöhnen
ammalarsi essere → 2.4.1 krank
werden
ammattire essere → 2.3.2 verrückt
werden
ammazzare avere → 2.1.1 töten
ammettere avere → 3.2.14 vorlassen,
zulassen, annehmen
ammirare avere → 2.1.1 bewundern

ammonire avere → 2.3.2 mahnen, ermahnen
ammorbidire avere → 2.3.2 erweichen
ammuffire avere/ẹssere → 2.3.2 schimmeln
ammutolire avere/ẹssere → 2.3.2 stumm werden, verstummen
ampliare avere → 2.1.9 erweitern
analizzare avere → 2.1.1 analysieren
andare ẹssere → 3.1.1 gehen
annegare avere/ẹssere → 2.1.4 ertrinken, ertränken
annerire avere/ẹssere → 2.3.2 anschwärzen, schwarz werden
annẹttere avere → 3.2.82 b anschließen, beilegen
annoiare avere → 2.1.9 langweilen
annuire avere → 2.3.2 nicken
anteporre avere → 3.2.20 vorsetzen
anticipare avere → 2.1.2 vorverlegen, vorschießen, vorwegnehmen
apparecchiare avere → 2.1.9 aufdecken
apparire ẹssere → 3.3.1 erscheinen
appartenere avere/ẹssere → 3.2.33 gehören
appassire avere/ẹssere → 2.3.2 welken, verwelken
appẹndere avere → 3.2.42 aufhängen
appesantire avere → 2.3.2 beschweren, schwer machen
applaudire avere → 2.3.1/2 Beifall klatschen
applicare avere → 2.1.3 auftragen, auflegen, anwenden
appoggiare avere → 2.1.6 anlehnen
apporre avere → 3.2.20 daneben setzen, anbringen
apprẹndere avere → 3.2.22 lernen
apprezzare avere → 2.1.1 schätzen
approfittare avere → 2.1.1 nutzen, ausnutzen
approfondire avere → 2.3.2 tiefer machen, vertiefen
approvare avere → 2.1.1 billigen, zustimmen
appuntire avere → 2.3.2 spitzen

aprire avere → 3.3.2 öffnen
ạrdere avere/ẹssere → 3.2.43 brennen
arrabbiarsi ẹssere → 2.1.9 sich ärgern, zornig werden
arrẹndersi ẹssere → 3.2.22 sich ergeben
arricchire avere/ẹssere → 2.3.2 bereichern, anreichern
arrịdere avere → 3.2.23 anlächeln
arrivare ẹssere → 2.1.1 ankommen, zutreffen, erreichen
arrossire ẹssere → 2.3.2 erröten
arrostire avere/ẹssere → 2.3.2 braten, grillen
arrugginire avere/ẹssere → 2.3.2 rostig machen, rosten
ascẹndere avere/ẹssere → 3.2.28 hinaufsteigen, aufsteigen
asciugare avere/ẹssere → 2.1.4 trocknen
ascoltare avere → 2.1.1 hören
ascrịvere avere → 3.2.29 zählen, anrechnen
aspẹrgere avere → 3.2.94 besprengen
aspettare avere → 2.1.1 warten
assaggiare avere → 2.1.6 probieren, kosten
assalire avere → 3.3.7 überfallen, angreifen
assegnare avere → 2.1.1 anweisen, zuschreiben
assentire avere → 2.3.1 zustimmen, einwilligen
assịstere avere → 3.2.61 beiwohnen, helfen, pflegen
assọlvere avere → 3.2.44 freisprechen
assomigliare avere → 2.1.7 ähneln
assuefare avere → 3.1.4 gewöhnen
assụmere avere → 3.2.45 annehmen, einstellen
assụrgere ẹssere → 3.2.46 emporsteigen
astenersi ẹssere → 3.2.33 sich fernhalten, sich abhalten
astrarre avere → 3.2.34 ablenken, absehen

astringere avere → 3.2.91
adstringieren, zusammenziehen
attaccare avere → 2.1.3 ankleben,
zusammenbinden, angreifen
attecchire avere/ẹssere → 2.3.2
Wurzeln schlagen, festwachsen
attẹndere avere → 3.2.93 warten
attenere avere/ẹssere → 3.2.33
betreffen
attịngere avere → 3.2.64 schöpfen,
entnehmen
attọrcere avere → 3.2.95 drehen,
aufwickeln
attrarre avere → 3.2.34 anziehen
attraversare avere → 2.1.1 über-
queren
attribuire avere → 3.3.2 zuschreiben
augurare avere → 2.1.2 wünschen
aumentare avere/ẹssere → 2.1.1
vermehren, vergrößern, erhöhen
avanzare ẹssere → 2.1.1 vorwärts
gehen, vorankommen
avere avere → 1.1 haben
avvalersi ẹssere → 3.2.35 sich
bedienen, Gebrauch machen
avvedersi ẹssere → 3.2.36
wahrnehmen, bemerken
avvenire ẹssere → 3.3.10 geschehen,
stattfinden
avvertire avere → 2.3.1 benachrich-
tigen, verständigen
avviare avere → 2.1.10 (ein)leiten,
einführen
avvicinarsi ẹssere → 2.4.1 sich
nähern
avvilire avere → 2.3.2 demütigen,
entmutigen
avvịncere avere → 3.2.37 hinreißen,
fesseln
avvisare avere → 2.1.1 benachrichti-
gen, unterrichten
avvizzire avere/ẹssere → 2.3.2
welken, welken lassen
avvolgere avere → 3.2.96 einwickeln,
(ein)rollen
azzittire avere/ẹssere → 2.3.2 zum
Schweigen bringen

B

badare avere → 2.1.1 besorgen,
achten
baciare avere → 2.1.5 küssen
ballare avere → 2.1.1 tanzen
bandire avere → 2.3.2 verkünden,
ausschreiben
bastare ẹssere → 2.1.1 genügen
bạttere avere → 2.2.1 schlagen
battezzare avere → 2.1.1 taufen
benedire avere → 3.3.3 segnen
bere avere → 3.2.1 trinken
bisognare ẹssere → 2.1.1 notwendig
sein
bloccare avere → 2.1.3 blockieren,
sperren
bocciare avere → 2.1.5 ablehnen,
durchfallen lassen
bollire avere → 2.3.1 kochen
brandire avere → 2.3.2 schwingen
brillare avere → 2.1.1 glänzen,
strahlen
brindare avere → 2.1.1 anstoßen,
(zu)prosten
bruciare avere → 2.1.5 verbrennen
bucare avere → 2.1.3 durchbohren,
lochen
bussare avere → 2.1.1 klopfen
buttare avere → 2.1.1 werfen,
schütten

C

cadere ẹssere → 3.2.2 fallen
calmare avere → 2.1.1 beruhigen
cambiare avere/ẹssere → 2.1.9
ändern, wechseln
camminare avere → 2.1.1 gehen,
laufen
cancellare avere → 2.1.1 streichen,
ausradieren
cantare avere → 2.1.1 singen
capire avere → 2.3.2 verstehen
capitare ẹssere → 2.1.2 passieren,
geschehen, sich bieten
capovọlgere avere → 3.2.96 um-
kehren
caricare avere → 2.1.3 laden

causare avere → 2.1.2 verursachen
cavalcare avere → 2.1.3 reiten
cedere avere → 2.2.1 zurückweichen, nachgeben
cenare avere → 2.1.1 zu Abend essen
cercare avere → 2.1.3 suchen
chiacchierare avere → 2.1.2 plaudern
chiamare avere → 2.1.1 rufen, nennen
chiamarsi essere → 2.4.1 heißen, sich nennen
chiarire avere → 2.3.2 klären
chiedere avere → 3.2.3 fragen
chiudere avere → 3.2.4 schließen
cimentarsi essere → 2.4.1 wagen, sich versuchen
cingere avere → 3.2.64 umgeben, umschließen
circolare avere/essere → 2.1.2 sich bewegen, umlaufen
circoncidere avere → 3.2.52 beschneiden
circoscrivere avere → 3.2.29 umschreiben, begrenzen
coesistere essere → 3.2.61 zugleich bestehen
cogliere avere → 3.2.5 pflücken
coincidere avere → 3.2.52 zusammentreffen, übereinstimmen
coinvolgere avere → 3.2.96 verwickeln, hineinziehen
collegare avere → 2.1.4 verbinden
collidere avere → 3.2.23 zusammenstoßen, kollidieren
collocare avere → 2.1.3 stellen, setzen, legen
colorire avere → 2.3.2 färben
colpire avere → 2.3.2 schlagen, treffen
coltivare avere → 2.1.1 anbauen, anpflanzen, pflegen
comandare avere → 2.1.1 befehlen, führen
combattere avere → 2.2.1 kämpfen
cominciare avere/essere → 2.1.5 anfangen, beginnen
commerciare avere → 2.1.5 handeln
commettere avere → 3.2.14 begehen

commuovere avere → 3.2.15 rühren, ergreifen
comparire essere → 3.3.1 erscheinen
compatire avere → 2.3.2 bemitleiden
competere – → 2.2.1 aufkommen, zukommen
compiacere avere → 3.2.18 zufrieden stellen, gefällig sein
compiangere avere → 3.2.19 beklagen, bedauern
compiere avere → 3.2.6 vollenden, tun, begehen, erfüllen
compire avere → 2.3.2 vollenden, tun, begehen, erfüllen
comporre avere → 3.2.20 zusammensetzen, bilden
comportare avere → 2.1.1 mit sich führen, verlangen
comportarsi essere → 2.4.1 sich benehmen
comprare avere → 2.1.1 kaufen
comprendere avere → 3.2.22 enthalten, umfassen, verstehen
comprimere avere → 3.2.47 zusammendrücken
compromettere avere → 3.2.14 gefährden
compungere avere → 3.2.79 betrüben
comunicare avere → 2.1.3 bekannt geben, mitteilen
concedere avere → 3.2.48 gewähren
concentrare avere → 2.1.1 konzentrieren
concepire avere → 2.3.2 empfangen, begreifen
concludere avere → 3.2.4 abschließen, enden
concorrere avere → 3.2.50 beitragen, mitwirken
condannare avere → 2.1.1 verurteilen
condire avere → 2.3.2 würzen
condiscendere avere → 3.2.28 einwilligen
condividere avere → 3.2.57 billigen, teilen
condurre avere → 3.2.7 führen

confarsi ẹssere — 3.1.4 sich schicken, passen
confermare avere → 2.1.1 bestätigen
confidare avere → 2.1.1 anvertrauen, vertrauen
configgere avere → 3.2.63 annageln, rammen, stechen
confluire avere/ẹssere → 2.3.2 zusammenströmen, münden
confondere avere → 3.2.65 vermischen, verwechseln, verwirren
congiungere avere → 3.2.68 verbinden, vereinigen
coniugare avere → 2.1.4 konjugieren
connettere avere → 3.2.14 zusammenfügen, verknüpfen
conoscere avere → 3.2.8 kennen, kennen lernen
consegnare avere → 2.1.1 abgeben, liefern
conseguire avere/ẹssere → 2.3.1/2 erlangen, folgen
consentire avere → 2.3.1 zustimmen, einwilligen, erlauben
considerare avere → 2.1.2 betrachten, beachten
consigliare avere → 2.1.7 raten
consistere ẹssere → 3.2.61 bestehen
consumare avere → 2.1.1 verbrauchen, abnutzen, aufbrauchen
contare avere → 2.1.1 zählen
contendere avere → 3.2.93 streitig machen
contenere avere → 3.2.33 enthalten
continuare avere/ẹssere → 2.1.2 fortsetzen, dauern
contorcere avere → 3.2.95 auswinden
contraddire avere → 3.3.3 widersprechen
contraddistinguere avere → 3.2.56 kennzeichnen
contraffare avere → 3.1.4 fälschen
contrapporre avere → 3.2.20 gegenüberstellen
contrarre avere → 3.2.34 zusammenziehen, abschließen

contrastare avere → 2.1.1 widersprechen, kämpfen, verhindern
contravvenire avere → 3.3.10 übertreten
controllare avere → 2.1.1 kontrollieren, prüfen
contundere avere → 3.2.49 quetschen
convenire avere/ẹssere → 3.3.10 zusammenkommen, sich einigen
convergere ẹssere → 3.2.59 zusammenlaufen, zustreben
convertire avere → 2.3.1 bekehren, verwandeln
convincere avere → 3.2.37 überzeugen, überreden
convivere avere/ẹssere → 3.2.38 zusammenleben
copiare avere → 2.1.9 abschreiben, kopieren
coprire avere → 3.3.2 decken, zudecken
correggere avere → 3.2.13 verbessern, korrigieren
correre avere/ẹssere → 3.2.50 rennen
corrispondere avere → 3.2.84 entsprechen, übereinstimmen
corrodere avere → 3.2.85 angreifen, ätzen, fressen
corrompere avere → 3.2.25 verderben
cospargere avere → 3.2.90 bestreuen
costare ẹssere → 2.1.1 kosten
costringere avere → 3.2.91 zwingen
costruire avere → 2.3.2 bauen, aufbauen
creare avere → 2.1.1 schaffen, gründen
credere avere → 2.2.1 glauben
crescere avere/ẹssere → 3.2.51 wachsen
criticare avere → 2.1.3 kritisieren
crocifiggere avere → 3.2.40 kreuzigen
cucire avere → 2.3.3 nähen
cuocere avere → 3.2.9 kochen

curare avere → 2.1.1 pflegen,
behandeln
custodire avere → 2.3.2 bewachen,
beaufsichtigen

D

dare avere → 3.1.2 geben
decadere essere → 3.2.2 verfallen
decidere avere → 3.2.52 entscheiden
decomporre avere → 3.2.20 zerlegen
decomprimere avere → 3.2.47 den
Druck vermindern
decorare avere → 2.1.1 schmücken,
dekorieren
decorrere essere → 3.2.50 vergehen,
verfallen
decrescere essere → 3.2.51
abnehmen, sinken
dedicare avere → 2.1.3 weihen,
widmen
dedurre avere → 3.2.7 schließen,
entnehmen
definire avere → 2.3.2 festsetzen,
definieren
defluire essere → 2.3.2 abfließen
deglutire avere → 2.3.2 schlucken
deludere avere → 3.2.4 enttäuschen
demolire avere → 2.3.2 abreißen,
zerstören
denunciare avere → 2.1.5 anzeigen
deperire avere → 2.3.2 verfallen,
verderben
deporre avere → 3.2.20 ablegen,
absetzen
deprimere avere → 3.2.47
bedrücken, deprimieren
deridere avere → 3.2.23 auslachen
derivare avere/essere → 2.1.1
herkommen, entstammen
descrivere avere → 3.2.29
beschreiben
desiderare avere → 2.1.2 wünschen
desistere avere → 3.2.61 ablassen
desumere avere → 3.2.45 entnehmen, schließen
detenere avere → 3.2.33 innehaben
detergere avere → 3.2.94 säubern,
reinigen

determinare avere → 2.1.2
bestimmen
detrarre avere → 3.2.34 abziehen
deviare avere → 2.1.10 abweichen,
ablenken
devolvere avere → 3.2.53 übertragen
dialogare avere → 2.1.4 sich
unterhalten, reden
dichiarare avere → 2.1.1 erklären,
behaupten
difendere avere → 3.2.42 verteidigen
differire avere → 2.3.2 sich unterscheiden
diffondere avere → 3.2.65 verbreiten
digerire avere → 2.3.2 verdauen
diluire avere → 2.3.2 verdünnen
dimagrire essere → 2.3.2 abnehmen
dimenticare avere → 2.1.3 vergessen
dimettersi essere → 3.2.14 zurück-
treten
diminuire avere/essere → 2.3.2
vermindern, abnehmen
dimostrare avere → 2.1.1 zeigen,
beweisen
dipendere essere → 3.2.42 abhängen
dipingere avere → 3.2.64 malen
dire avere → 3.3.3 sagen
dirigere avere → 3.2.54 leiten
dirompere avere/essere → 3.2.25
brechen, ausbrechen
disattendere avere → 3.2.93 nicht
beachten, ignorieren
discendere avere/essere → 3.2.28
herabsteigen, abstammen
discernere – → 2.2.1 genau
unterscheiden, erkennen
dischiudere avere → 3.2.4 öffnen
disciogliere avere → 3.2.5 auflösen
disconnettere avere → 3.2.14
auseinander nehmen, zerlegen
disconoscere avere → 3.2.8 nicht
anerkennen
discorrere avere → 3.2.50 reden
discutere avere → 3.2.55 diskutieren
disdire avere → 3.3.3 absagen
disegnare avere → 2.1.1 zeichnen
disfare avere → 3.1.3 auseinander
nehmen, auflösen, auspacken

disgiungere avere → 3.2.68 trennen, ablösen
disilludere avere → 3.2.4 ernüchtern
disonorare avere → 2.1.1 entehren
disperare avere → 2.1.1 verzweifeln
disperdere avere → 3.2.75 zerstreuen
dispiacere essere → 3.2.18 bedauern
disporre avere → 3.2.20 anordnen, verfügen
dissentire avere → 2.3.1 nicht einverstanden sein
dissolvere avere → 3.2.44 zerstreuen, auflösen
dissuadere avere → 3.2.76 abraten, ausreden
distendere avere → 3.2.93 ausbreiten, ausstrecken
distinguere avere → 3.2.56 unterscheiden
distogliere avere → 3.2.5 abwenden, ablenken
distorcere avere → 3.2.95 verziehen, verdrehen
distrarre avere → 3.2.34 ablenken
distribuire avere → 2.3.2 verteilen
distruggere avere → 3.2.92 zerstören
disturbare avere → 2.1.1 stören
disubbidire (part. pres. -iente) avere → 2.3.2 nicht gehorchen
divenire essere → 3.3.10 werden
diventare essere → 2.1.1 werden
divertirsi essere → 2.4.3 sich amüsieren
dividere avere → 3.2.57 teilen
divorziare avere → 2.1.9 sich scheiden lassen
dolersi essere → 3.2.10 bedauern, sich beschweren
domandare avere → 2.1.1 fragen
dormire (part. pres. -ente/-iente) avere → 2.3.1 schlafen
dovere avere/essere → 3.2.11 müssen, sollen
dubitare avere → 2.1.2 zweifeln
durare avere/essere → 2.1.1 dauern

E

eccedere avere → 2.2.1 übertreffen, sich übernehmen
eccellere avere/essere → 3.2.58 sich auszeichnen
eccepire avere → 2.3.2 einwenden
educare avere → 2.1.3 erziehen
effondere avere/essere → 3.2.65 ausgießen, ausströmen
elaborare avere → 2.1.2 ausarbeiten
eleggere avere → 3.2.13 wählen
elevare avere → 2.1.1 erhöhen
elidere avere → 3.2.23 elidieren
eliminare avere → 2.1.2 entfernen, beseitigen
eludere avere → 3.2.4 ausweichen, umgehen
emergere essere → 3.2.59 auftauchen, hinausragen
emettere avere → 3.2.14 ausstoßen, ausstrahlen
empire avere → 3.3.6 füllen
entrare essere → 2.1.1 hineingehen
equivalere avere/essere → 3.2.35 gleichwertig sein, entsprechen
ergere avere → 3.2.78 erheben
erigere avere → 3.2.54 errichten
erodere avere → 3.2.85 erodieren
erompere avere → 3.2.25 ausbrechen
esagerare avere → 2.1.2 übertreiben
esaltare avere → 2.1.1 hervorheben, aufregen
esaudire avere → 2.3.2 erhören
esaurire (part. pres. -iente) avere → 2.3.2 erschöpfen, verbrauchen
escludere avere → 3.2.4 ausschließen
eseguire avere → 2.3.1 ausführen
esibire avere → 2.3.2 vorweisen
esigere avere → 3.2.60 verlangen
esistere essere → 3.2.61 existieren
esordire avere → 2.3.2 beginnen
espandere avere → 3.2.89 ausdehnen
espellere avere → 3.2.62 ausweisen, verweisen
espiare avere → 2.1.10 sühnen

esplodere avere/essere → 3.2.85
explodieren
esporre avere → 3.2.20 ausstellen
esportare avere → 2.1.1 exportieren
esprimere avere → 3.2.47 ausdrücken
espungere avere → 3.2.79 aus-
streichen
essere essere → 1.2 sein
estendere avere → 3.2.93 erweitern
estinguere avere → 3.2.56 löschen,
auslöschen
estorcere avere → 3.2.95 erpressen
estrarre avere → 3.2.34 ausziehen,
entnehmen
estromettere avere → 3.2.14 ausschließen
evadere avere/essere → 3.2.70 ent-
fliehen
evincere avere → 3.2.37 ableiten
evitare avere → 2.1.2 vermeiden
evolvere avere/essere → 3.2.53 entwickeln

F

fabbricare avere → 2.1.3 bauen,
anfertigen
fallire avere/essere → 2.3.2
scheitern
farcire avere → 2.3.2 füllen
fare avere → 3.1.4 machen, tun
favorire avere → 2.3.2 begünstigen
ferire avere → 2.3.2 verletzen
fermare avere → 2.1.1 anhalten
festeggiare avere → 2.1.6 feiern
fidarsi essere → 2.4.1 trauen
figgere avere → 3.2.63 stecken
filtrare avere → 2.1.1 filtern
fingere avere → 3.2.64 vortäuschen
finire avere/essere → 2.3.2 enden,
beenden
fiorire avere/essere → 2.3.2 blühen
firmare avere → 2.1.1 unterschreiben
fischiare avere → 2.1.9 pfeifen
fissare avere → 2.1.1 festmachen
flettere avere → 3.2.82b biegen
fluire essere → 2.3.2 fließen,
strömen

fondare avere → 2.1.1 gründen
fondere avere → 3.2.65 schmelzen
formare avere → 2.1.1 bilden,
machen
fornire avere → 2.3.2 versorgen,
versehen
fotocopiare avere → 2.1.9
fotokopieren
fraintendere avere → 3.2.93
missverstehen
frangere avere → 3.2.66 brechen
frapporre avere → 3.2.20
dazwischen legen
fregare avere → 2.1.4 reiben
frequentare avere → 2.1.1 besuchen
friggere avere → 3.2.67 frittieren,
braten
fruire avere → 2.3.2 genießen
fuggire essere → 2.3.4 fliehen
fulminare avere/essere → 2.1.2 (vom
Blitz/elektrischen Schlag) treffen
fumare avere → 2.1.1 rauchen
fungere avere → 3.2.79 fungieren
funzionare avere → 2.1.1 funktionie-
ren, in Betrieb sein
fuoriuscire essere → 3.3.9
entweichen
fuorviare avere → 2.1.10 irreleiten

G

galleggiare avere → 2.1.6 schwimmen
garantire avere → 2.3.2 bürgen,
garantieren
generare avere → 2.1.2 zeugen,
schaffen
genuflettersi essere → 3.2.82b
niederknien
gestire avere → 2.3.2 führen, leiten
gettare avere → 2.1.1 werfen
giacere avere/essere → 3.2.18 liegen
giocare avere → 2.1.3 spielen
girare avere/essere → 2.1.1 drehen,
wickeln, umgehen
giudicare avere → 2.1.3 beurteilen
giungere essere → 3.2.68 ankommen
giurare avere → 2.1.1 schwören
giustapporre avere → 3.2.20
nebeneinander stellen

giustificare avere → 2.1.3 recht-
fertigen
godere avere → 3.2.12 genießen
gonfiare avere → 2.1.9 aufblasen
governare avere → 2.1.1 regieren
gradire avere → 2.3.2 gern
annehmen
graffiare avere → 2.1.9 kratzen
gratificare avere → 2.1.3 eine
Gratifikation geben
grattare avere → 2.1.1 kratzen,
ausradieren
grattugiare avere → 2.1.6 reiben
gridare avere → 2.1.1 schreien
grigliare avere → 2.1.7 grillen
guadagnare avere → 2.1.1 verdienen
guaire avere → 2.3.2 jaulen
guardare avere → 2.1.1 anschauen
guarire avere/ẹssere → 2.3.2 heilen,
genesen
guarnire avere → 2.3.2 garnieren
guastare avere → 2.1.1 beschädigen,
kaputt machen
guidare avere → 2.1.1 fahren
gustare avere → 2.1.1 schmecken

I

ideare avere → 2.1.2 ausdenken,
erfinden
identificare avere → 2.1.3
identifizieren
ignorare avere → 2.1.1 nicht kennen,
ignorieren
illụdere avere → 3.2.4 täuschen,
hoffen lassen
illuminare avere → 2.1.2 beleuchten
imballare avere → 2.1.1 verpacken
imbarcare avere → 2.1.3 einschiffen,
an Bord nehmen
imbastire avere → 2.3.2 heften
imbizzarrire avere/ẹssere → 2.3.2
scheu werden, sich erregen
imboccare avere → 2.1.3 in den Mund
stecken, füttern
imbottire avere → 2.3.2 polstern
imbrogliare avere → 2.1.7 verwickeln, betrügen

imbruttire avere/ẹssere → 2.3.2
hässlich machen/werden
immaginare avere → 2.1.2 sich vorstellen
immẹrgere avere → 3.2.59 tauchen
immẹttere avere → 3.2.14 einführen
impadronirsi ẹssere → 2.4.4 sich
bemächtigen
impallidire ẹssere → 2.3.2 blass
werden
imparare avere → 2.1.1 lernen
impartire avere → 2.3.2 erteilen
impaurire avere → 2.3.2 einschüchtern, erschrecken
impazzire ẹssere → 2.3.2 verrückt
werden, sich begeistern
impedire avere → 2.3.2 verhindern
impegnarsi ẹssere → 2.4.1 sich
verpflichten, sich widmen
impiegare avere → 2.1.4 anwenden
impietosire avere → 2.3.2 Mitleid
erregen
impigrire avere/ẹssere → 2.3.2 träge
werden lassen, faul werden
implọdere ẹssere → 3.2.85
implodieren
imporre avere → 3.2.20 auferlegen
importare avere/ẹssere → 2.1.1
importieren, nötig sein
impratichire avere → 2.3.2
einarbeiten
imprecare avere → 2.1.3 fluchen
imprịmere avere → 3.2.47 prägen,
eindrücken
imputridire avere/ẹssere → 2.3.2
verfaulen
inacerbire avere/ẹssere → 2.3.2
sauer machen/werden
inacidire avere/ẹssere → 2.3.2
säuern, verbittern
inaridire avere/ẹssere → 2.3.2 aus-
trocknen
inasprire avere/ẹssere → 2.3.2
verschärfen
inaugurare avere → 2.1.2 eröffnen
incaponirsi ẹssere → 2.4.4 sich
versteifen
incaricare avere → 2.1.3 beauftragen

incattivire avere/ẹssere → 2.3.2 erbosen

incendiare avere → 2.1.9 anzünden

incenerire avere → 2.3.2 einäschern

inchiodare avere → 2.1.1 nageln

inciampare avere/ẹssere → 2.1.1 stolpern

incịdere avere → 3.2.52 einschneiden, schnitzen, einprägen

inclụdere avere → 3.2.4 einschließen

incollerire ẹssere → 2.3.2 in Zorn geraten

incọmbere – → 2.2.1 bevorstehen, drohen

incominciare avere/ẹssere → 2.1.5 beginnen, anfangen

incontrare avere → 2.1.1 treffen

incoraggiare avere → 2.1.6 ermutigen

incọrrere ẹssere → 3.2.50 geraten

incrudelire avere/ẹssere → 2.3.2 grausam werden

incuriosire avere → 2.3.2 neugierig machen

incụtere avere → 3.2.55 einflößen

indebolire avere/ẹssere → 2.3.2 schwächen, schwach werden

indicare avere → 2.1.3 (an)zeigen

indire avere → 3.3.3 ausschreiben, einberufen

indispettire avere → 2.3.2 ärgern

indisporre avere → 3.2.20 verstimmen

individuare avere → 2.1.2 bestimmen, erkennen

indovinare avere → 2.1.1 erraten

indụlgere avere → 3.2.69 Nachsicht haben

indurire avere/ẹssere → 2.3.2 härten, erhärten

indụrre avere → 3.2.7 veranlassen

infarcire avere → 2.3.2 füllen, farcieren

infastidire avere → 2.3.2 belästigen

inferocire avere/ẹssere → 2.3.2 wild/wütend machen/werden

infervorare avere → 2.1.1 anfeuern, ereifern

infierire avere → 2.3.2 wüten

infịggere avere → 3.2.40 hineinstoßen

infilare avere → 2.1.1 hineinstecken

infittire avere/ẹssere → 2.3.2 dichter machen/werden

inflịggere avere → 3.2.41 auferlegen

influenzare avere → 2.1.1 beeinflussen

influire avere/ẹssere → 2.3.2 einwirken

infọndere avere → 3.2.65 einflößen

informare avere → 2.1.1 informieren

infrạngere avere → 3.2.66 zerbrechen, übertreten

infreddolire ẹssere → 2.3.2 frieren

ingannare avere → 2.1.1 täuschen

ingelosire avere/ẹssere → 2.3.2 eifersüchtig machen

ingerire avere → 2.3.2 zu sich nehmen

ingiallire avere/ẹssere → 2.3.2 vergilben

ingigantire avere/ẹssere → 2.3.2 riesengroß machen/werden, aufbauschen

ingoiare avere → 2.1.9 verschlucken

ingolosire avere/ẹssere → 2.3.2 Appetit/Lust machen

ingrandire avere/ẹssere → 2.3.2 vergrößern

ingrassare avere/ẹssere → 2.1.1 dick machen, zunehmen

inibire avere → 2.3.2 hemmen

iniziare avere/ẹssere → 2.1.9 anfangen, beginnen

innamorarsi ẹssere → 2.4.1 sich verlieben

innervosire avere → 2.3.2 nervös machen

innervosirsi ẹssere → 2.4.4 nervös werden

inorgoglirsi ẹssere → 2.4.4 stolz werden

inorridire avere/ẹssere → 2.3.2 entsetzen

inquinare avere → 2.1.1 verseuchen

insaporire avere → 2.3.2 schmackhaft machen

insegnare avere → 2.1.1 unterrichten

inseguire avere → 2.3.1 verfolgen
inserire avere → 2.3.2 (hinein)-
stecken
insignire avere → 2.3.2 auszeichnen
insistere avere → 3.2.61 dringen,
beharren
insorgere essere → 3.2.88 sich auf-
lehnen
insospettire avere → 2.3.2 Verdacht
erregen
insuperbirsi essere → 2.4.4 stolz
werden
integrare avere → 2.1.2 ergänzen
intendere avere → 3.2.93 beabsichti-
gen, meinen
intenerire avere/essere → 2.3.2
weich machen, erweichen
intercorrere essere → 3.2.50 dazwischen liegen
interdire avere → 3.3.3 untersagen,
entmündigen
interessare avere/essere → 2.1.1
interessieren
interferire avere → 2.3.2 sich
überschneiden, sich einmischen
interporre avere → 3.2.20
dazwischen legen
interpretare avere → 2.1.2 auslegen
interrogare avere → 2.1.4 befragen
interrompere avere → 3.2.25
unterbrechen
intervenire essere → 3.3.10 eingrei-
fen, sich beteiligen
intestardirsi essere → 2.4.4 sich
versteifen
intimidire avere/essere → 2.3.2
einschüchtern
intimorire avere → 2.3.2 verängsti-
gen
intingere avere → 3.2.64 tauchen
intitolare avere → 2.1.2 titeln,
benennen
intontire avere/essere → 2.3.2
betäuben
intralciare avere → 2.1.5 behindern
intrappolare avere → 2.1.2 fangen
intraprendere avere → 3.2.22
unternehmen

intrattenere avere → 3.2.33
unterhalten
intravedere avere → 3.2.36 erblicken,
ahnen
intrecciare avere → 2.1.5 flechten
intridere avere → 3.2.23 einrühren,
einweichen
intristire essere → 2.3.2 verderben
introdurre avere → 3.2.7 einführen
intromettersi essere → 3.2.14 sich
einmischen
intuire avere → 2.3.2 erahnen
inumidire avere → 2.3.2 befeuchten
invadere avere → 3.2.70 einfallen,
strömen
invaghirsi essere → 2.4.4 sich
verknallen
invecchiare avere/essere → 2.1.9
alt werden, altern
inveire avere → 2.3.2 schimpfen
inventare avere → 2.1.1 erfinden
invertire avere → 2.3.1 verdrehen
investire avere → 2.3.1 einsetzen,
versehen, anfahren
inviare avere → 2.1.10 senden
invidiare avere → 2.1.9 beneiden
invitare avere → 2.1.1 einladen
invogliare avere → 2.1.7 anregen
irraggiare avere/essere → 2.1.6
bestrahlen, ausstrahlen
irretire avere → 2.3.2 umgarnen
irridere avere → 3.2.23 auslachen,
verspotten
irrigare avere → 2.1.4 bewässern
irrigidire avere → 2.3.2 versteifen
irrobustire avere → 2.3.2 stärken
irrompere – → 3.2.25 eindringen,
einbrechen
irruvidire avere/essere → 2.3.2
aufrauen, rau werden
iscrivere avere → 3.2.29 einschreiben
isolare avere → 2.1.2 absondern,
isolieren
ispessire avere → 2.3.2 verdicken
istigare avere → 2.1.4 anreizen
istruire avere → 2.3.2 belehren

L

lamentarsi ẹssere → 2.4.1 sich
beklagen
lanciare avere → 2.1.5 werfen
lasciare avere → 2.1.8 lassen
lavare avere → 2.1.1 waschen
lavorare avere → 2.1.1 arbeiten
leccare avere → 2.1.3 lecken
lẹdere avere → 3.2.71 schädigen
legare avere → 2.1.4 binden
lẹggere avere → 3.2.13 lesen
lenire avere → 2.3.2 lindern
levare avere → 2.1.1 heben,
wegnehmen, ausziehen
levigare avere → 2.1.4 schleifen,
polieren
liberare avere → 2.1.2 befreien
licenziare avere → 2.1.9 entlassen
limare avere → 2.1.1 feilen
limitare avere → 2.1.2 einschränken
liquefare avere → 3.1.4/2.1.2
verflüssigen, schmelzen
litigare avere → 2.1.4 streiten
lodare avere → 2.1.1 loben
lottare avere → 2.1.1 kämpfen
luccicare avere → 2.1.3 funkeln,
leuchten
lusingare avere → 2.1.4 schmeicheln

M

macchiare avere → 2.1.9 beflecken
maledire avere → 3.3.3 verfluchen
mancare avere → 2.1.3 fehlen
mandare avere → 2.1.1 schicken
mangiare avere → 2.1.6 essen
manifestare avere → 2.1.1 zeigen,
offenbaren
manomẹttere avere → 3.2.14 auf-
brechen
mantenere avere → 3.2.33 erhalten
marcire avere/ẹssere → 2.3.2 faulen
martellare avere → 2.1.1 hämmern
massaggiare avere → 2.1.6
massieren
masticare avere → 2.1.3 kauen
maturare avere/ẹssere → 2.1.1 reifen

medicare avere → 2.1.3 ärztlich
behandeln
meditare avere → 2.1.2 nachdenken
mentire avere → 2.3.1/2 lügen
meritare avere → 2.1.2 verdienen
mescolare avere → 2.1.2 mischen
mẹttere avere → 3.2.14 legen,
stellen, setzen
migliorare avere/ẹssere → 2.1.1
verbessern, besser werden
minacciare avere → 2.1.5 drohen
modificare avere → 2.1.3 ändern
moltiplicare avere → 2.1.3
vervielfältigen
montare avere/ẹssere → 2.1.1
hinaufsteigen, einbauen
mọrdere avere → 3.2.72 beißen
morire ẹssere → 3.3.4 sterben
mostrare avere → 2.1.1 zeigen
mụngere avere → 3.2.79 melken
munire avere → 2.3.2 ausrüsten
muọvere avere → 2.1.15 bewegen
musicare avere → 2.1.3 vertonen,
komponieren

N

narrare avere → 2.1.1 erzählen
nạscere ẹssere → 3.2.73 geboren
werden
nascọndere avere → 3.2.74
verstecken
naufragare avere/ẹssere → 2.1.4
Schiffbruch erleiden
navigare avere → 2.1.4 (zu Wasser)
fahren
negare avere → 2.1.4 verneinen
negoziare avere → 2.1.9 verhandeln
nettare avere → 2.1.1 reinigen,
schälen
nevicare avere/ẹssere → 2.1.3
schneien
noleggiare avere → 2.1.6 mieten
notare avere → 2.1.1 bemerken
nuọcere avere → 3.2.16 schaden
nuotare avere → 2.1.1 schwimmen
nutrirsi ẹssere → 2.4.3/4 sich
ernähren

O

obbedire (part. pres. -iente) avere
→ 2.3.2 gehorchen
obbligare avere → 2.1.4 verpflichten
obliare avere → 2.1.10 vergessen
obliterare avere → 2.1.2 entwerten
occludere avere → 3.2.4 verschließen
occorrere essere → 3.2.50 brauchen
occupare avere → 2.1.2 besetzen
odiare avere → 2.1.9 hassen
odorare avere → 2.1.1 riechen
offendere avere → 3.2.42 beleidigen
offrire avere → 3.3.5 anbieten
oltraggiare avere → 2.1.6 beschimp-
fen, schänden
omettere avere → 3.2.14 auslassen
onorare avere → 2.1.1 ehren
operare avere → 2.1.2 wirken,
operieren
opporre avere → 3.2.20 entgegen-
setzen, einwenden
opprimere avere → 3.2.47 unter-
drücken
ordinare avere → 2.1.2 ordnen,
bestellen
organizzare avere → 2.1.1 organi-
sieren
ospitare avere → 2.1.2 zu Gast
haben, beherbergen
osservare avere → 2.1.1 beobachten
ostruire avere → 2.3.2 verstopfen
ottenere avere → 3.2.33 erreichen,
erhalten
ovviare avere → 2.1.10 abhelfen
oziare avere → 2.1.9 faulenzen

P

pagare avere → 2.1.4 bezahlen
paragonare avere → 2.1.1 vergleichen
parcheggiare avere → 2.1.6 parken
parere essere → 3.2.17 scheinen
parlare avere → 2.1.1 sprechen
partecipare avere → 2.1.2 teil-
nehmen
partire essere → 2.3.1 abreisen,
abfahren

partorire (part. pres. -iente) avere
→ 2.3.2 gebären
passare avere/essere → 2.1.1
vorbeigehen, verbringen
passeggiare avere → 2.1.6 spazieren
gehen
patire avere → 2.3.2 (er)leiden
peggiorare avere/essere → 2.1.1
(sich) verschlechtern
pendere – → 2.2.1 hängen
pensare avere → 2.1.1 denken
pentirsi essere → 2.4.3 bereuen
percepire avere → 2.3.2 wahrnehmen
percorrere avere → 3.2.50 durch-
laufen/-fahren
percuotere avere → 3.2.87 schlagen
perdere avere → 3.2.75 verlieren
perdonare avere → 2.1.1 verzeihen
permanere (part. pass. permaso)
essere → 3.2.24 bleiben
permettere avere → 3.2.14 erlauben
persistere avere → 3.2.61 beharren
persuadere avere → 3.2.76 überreden
pervadere avere → 3.2.70 durch-
dringen
pervenire essere → 3.3.10
(an)kommen, gelangen
pesarsi essere → 2.4.1 sich wiegen
pescare avere → 2.1.3 fischen,
angeln
pettinare avere → 2.1.2 kämmen
piacere essere → 3.2.18 gefallen
piangere avere → 3.2.19 weinen
piantare avere → 2.1.1 pflanzen
picchiare avere → 2.1.9 schlagen,
prügeln
piegare avere → 2.1.4 falten, biegen
pigliare avere → 2.1.7 nehmen
piovere avere/essere → 3.2.77
regnen, herabfallen
pizzicare avere → 2.1.3 zwicken
poltrire avere → 2.3.2 faulenzen
porgere avere → 3.2.78 reichen,
geben
porre avere → 3.2.20 legen, setzen,
stellen
portare avere → 2.1.1 tragen,
bringen

posare avere → 2.1.1 (ab)stellen, ablegen
posporre avere → 3.2.20 nachstellen, verschieben
possedere avere → 3.2.30 besitzen
potere avere/essere → 3.2.21 können, dürfen
pranzare avere → 2.1.1 zu Mittag essen
praticare avere → 2.1.3 ausüben
precludere avere → 3.2.4 versperren, verhindern
precorrere avere → 3.2.50 vorausgehen, zuvorkommen
predicare avere → 2.1.3 predigen
prediligere avere → 3.2.54 vorziehen
predire avere → 3.3.3 voraussagen, prophezeien
predisporre avere → 3.2.20 vorbereiten, vorsehen
preferire avere → 2.3.2 bevorzugen
prefiggere avere → 3.2.40 festsetzen
pregare avere → 2.1.4 bitten, beten
preludere avere → 3.2.4 hindeuten
premettere avere → 3.2.14 voraussetzen
premorire essere → 3.3.4 vorher sterben
prendere avere → 3.2.22 nehmen
preoccupare avere → 2.1.2 beunruhigen
preparare avere → 2.1.1 vorbereiten
presagire avere → 2.3.2 vorhersagen, ahnen
prescegliere avere → 3.2.27 auswählen
prescindere avere → 3.2.86 absehen
prescrivere avere → 3.2.29 vorschreiben, verschreiben
presentare avere → 2.1.1 vorstellen, vorzeigen
presiedere avere → 2.2.1 vorsitzen
prestabilire avere → 2.3.2 vorherbestimmen
prestare avere → 2.1.1 leihen, ausleihen
presumere avere → 3.2.45 vermuten, annehmen

presupporre avere → 3.2.20 voraussetzen, annehmen
pretendere avere → 3.2.93 verlangen, fordern, behaupten
prevalere avere/essere → 3.2.35 überwiegen
prevedere (fut. pres. / cond. pres. regelmäßig) avere → 3.2.36 voraussehen
prevenire avere → 3.3.10 zuvorkommen
privilegiare avere → 2.1.6 privilegieren, begünstigen
procedere avere/essere → 2.2.1 vorwärts gehen, fortschreiten
procurare avere → 2.1.1 besorgen
produrre avere → 3.2.7 erzeugen
profondere avere → 3.2.65 mit vollen Händen ausgeben
progredire avere/essere → 2.3.2 fortschreiten
proibire avere → 2.3.2 verbieten
promettere avere → 3.2.14 versprechen, zusagen
promuovere avere → 3.2.15 (be)fördern
pronunciare avere → 2.1.5 aussprechen
propendere (part. pass. propenso) avere → 3.2.42 neigen
proporre avere → 3.2.20 vorlegen, vorschlagen
prorompere avere → 3.2.25 ausbrechen
prosciogliere avere → 3.2.5 befreien, lossprechen
proseguire avere/essere → 2.3.1 fortsetzen
prostituirsi essere → 2.4.4 sich prostituieren
proteggere avere → 3.2.13 schützen, behüten
protendere avere → 3.2.93 vorstrecken
protestare avere → 2.1.1 protestieren
protrarre avere → 3.2.34 in die Länge ziehen
provare avere → 2.1.1 probieren, fühlen

provenire essere → 3.3.10
herkommen
provocare avere → 2.1.3 verursachen,
provozieren
provvedere avere → 2.2.1 (**pass. rem.**
→ 3.2.36) sorgen, sich kümmern
prudere – → 2.2.1 jucken
pubblicare avere → 2.1.3 veröffent-
lichen
pulire avere → 2.3.2 putzen
pulirsi essere → 2.4.4 sich reinigen
pungere avere → 3.2.79 stechen
punire avere → 2.3.2 (be)strafen
puzzare avere → 2.1.1 stinken

Q

quadrare avere → 2.1.1 zurecht-
setzen, quadrieren, passen
qualificare avere → 2.1.3 bezeichnen, qualifizieren
quantificare avere → 2.1.3
quantifizieren
querelare avere → 2.1.1 verklagen

R

rabbrividire avere/essere → 2.3.2
erschauern
racchiudere avere → 3.2.4 enthalten
raccogliere avere → 3.2.5 aufheben,
sammeln
raccomandare avere → 2.1.1
empfehlen
raccontare avere → 2.1.1 erzählen
raddolcire avere → 2.3.2 versüßen,
mildern
radere avere → 3.2.70 rasieren
raffreddare avere → 2.1.1 abkühlen
raffreddarsi essere → 2.4.1 sich
verkühlen
raggiungere avere → 3.2.68
erreichen
raggrinzire avere/essere → 2.3.2
runzeln
rallentare avere/essere → 2.1.1
verlangsamen, langsamer gehen
rapire avere → 2.3.2 entführen

rapprendere avere/essere → 3.2.22
gerinnen lassen
rappresentare avere → 2.1.1
darstellen
rarefare avere → 3.1.4 verdünnen
rattristarsi essere → 2.4.1 traurig
werden
ravvedersi essere → 3.2.36 sein
Unrecht einsehen
ravviare avere → 2.1.10 ordnen,
aufräumen
reagire avere → 2.3.2 reagieren
realizzare avere → 2.1.1 verwirk-
lichen
recepire avere → 2.3.2 aufnehmen
recidere avere → 3.2.52 abschneiden
recingere avere → 3.2.64 umgeben
recitare avere → 2.1.2 aufsagen,
aufführen, spielen
recludere avere → 3.2.4 einsperren
recuperare avere → 2.1.2 wieder-
erlangen
redigere avere → 3.2.80 verfassen
redimere avere → 3.2.81 erlösen
reggere avere → 3.2.13 halten,
tragen
registrare avere → 2.1.1 aufnehmen,
registrieren
regredire avere/essere → 2.3.2
zurückgehen, nachlassen
reinserire avere → 2.3.2 wieder
einführen
rendere avere → 3.2.22 zurückgeben,
leisten
repellere avere → 3.2.62 abstoßen
reperire avere → 2.3.2 auffinden
reprimere avere → 3.2.47 unter-
drücken
requisire avere → 2.3.2 beschlag-
nahmen
rescindere avere → 3.2.86 aufheben
resistere avere → 3.2.61 widerstehen
respingere avere → 3.2.64 zurück-
drängen, ablehnen
restare essere → 2.1.1 bleiben
restituire avere → 2.3.2 zurückgeben
restringere (part. pass. ristretto)
avere → 3.2.91 enger machen

retribuire avere → 2.3.2 bezahlen, entlohnen
retrocędere avere/ęssere → 3.2.48 degradieren, zurückgehen
riandare ęssere → 3.1.1 wieder gehen
riannęttere avere → 3.2.82 b wieder angliedern
riapparire ęssere → 3.3.1 wieder erscheinen
riaprire avere → 3.3.2 wieder öffnen
riassųmere avere → 3.2.45 wieder antreten/anstellen
ribadire avere → 2.3.2 bekräftigen
ricadere ęssere → 3.2.2 wieder fallen, zurückfallen
ricavare avere → 2.1.1 gewinnen, ziehen
ricercare avere → 2.1.3 wieder suchen, forschen
ricęvere avere → 2.2.1 bekommen
richiamare avere → 2.1.1 wieder rufen, zurückrufen
richiędere avere → 3.2.3 (wieder) verlangen
richiųdere avere → 3.2.4 wieder schließen
ricominciare avere/ęssere → 2.1.5 wieder anfangen
ricondurre avere → 3.2.7 zurückführen/-bringen
riconnęttere avere → 3.2.82 b (wieder) verbinden
riconọscere avere → 3.2.8 (wieder) erkennen
ricoprire avere → 3.3.2 (wieder) bedecken
ricordare avere → 2.1.1 sich erinnern
ricọrrere avere/ęssere → 3.2.50 sich wenden, greifen
ricostituire avere → 2.3.2 neu bilden, wieder gründen
ricręscere ęssere → 3.2.51 wieder wachsen
rįdere avere → 3.2.23 lachen
ridire avere → 3.3.3 wieder sagen
ridurre avere → 3.2.7 kürzen, bringen

rielęggere avere → 3.2.13 wieder wählen
riempire avere → 3.3.6 auffüllen
rientrare ęssere → 2.1.1 zurückkehren, gehören
rifare avere → 3.1.4 wieder machen
riferire avere → 2.3.2 berichten
rifinire avere → 2.3.2 wieder beenden, nacharbeiten
rifiorire avere/ęssere → 2.3.2 wieder blühen
rifiutare avere → 2.1.1 ablehnen
riflęttere avere → 3.2.82 überlegen, widerspiegeln
rifornire avere → 2.3.2 versorgen
rifųlgere avere/ęssere → 3.2.83 funkeln
riguardare avere → 2.1.1 (wieder) betrachten, nachsehen
rilassarsi ęssere → 2.4.1 sich entspannen
rilęggere avere → 3.2.13 wieder lesen
rimandare avere → 2.1.1 wieder schicken, zurückschicken
rimanere ęssere → 3.2.24 bleiben
rimbambire avere/ęssere → 2.3.2 verblöden
rimęttere avere → 3.2.14 wieder stellen/legen/setzen
rimpiąngere avere → 3.2.19 nachtrauern
rimpicciolire avere/ęssere → 2.3.2 verkleinern
rimuọvere avere → 3.2.15 wegräumen, entfernen
rinạscere ęssere → 3.2.73 wieder geboren werden
rinchiųdere avere → 3.2.4 (ein)schließen
rincọrrere avere → 3.2.50 nachlaufen
rincręscere ęssere → 3.2.51 leid tun, bedauern
rinfrescare avere/ęssere → 2.1.3 abkühlen, kühler werden
ringiovanire avere/ęssere → 2.3.2 verjüngen, jünger werden
ringraziare avere → 2.1.9 danken

rintracciare avere → 2.1.5
aufspüren, ausfindig machen
rinunciare avere → 2.1.5 verzichten
rinvenire avere/ẹssere → 3.3.10
auffinden, wieder zu sich kommen
rinviare avere → 2.1.10 wieder
senden, verschieben
rinvigorire avere/ẹssere → 2.3.2
stärken, stark werden
riparare avere → 2.1.1 schützen,
reparieren
ripercuọtere avere → 3.2.87 wieder
schlagen, zurückwerfen
ripẹtere avere → 2.2.1 wiederholen
ripẹtersi ẹssere → 2.4.2 sich
wiederholen
riporre avere → 3.2.20 wieder
legen/setzen/stellen, ablegen
riposarsi ẹssere → 2.4.1 sich
ausruhen
riprẹndere avere → 3.2.22 wieder
nehmen/aufnehmen
riprodurre avere → 3.2.7 wieder
erzeugen, reproduzieren
ripromẹttersi ẹssere → 3.2.14 sich
vornehmen
riproporre avere → 3.2.20 wieder
vorschlagen
risalire avere/ẹssere → 3.3.7
(wieder) hinaufsteigen
rischiare avere → 2.1.9 riskieren
riscoprire avere → 3.3.2 wieder
entdecken
riscrịvere avere → 3.2.29 wieder
schreiben
riscuọtere avere → 3.2.87 aufrütteln,
einziehen, erzielen
risọlvere avere → 3.2.44 lösen
risọrgere ẹssere → 3.2.88
auferstehen, wieder aufleben
risparmiare avere → 2.1.9 sparen
rispettare avere → 2.1.1 achten,
respektieren
risplẹndere – → 2.2.1 glänzen,
strahlen
rispọndere avere → 3.2.84
antworten
ritardare avere → 2.1.1 (sich)
verspäten, zögern

ritenere avere → 3.2.33 glauben
ritịngere avere → 3.2.64 neu färben
ritirare avere → 2.1.1 zurückziehen,
abholen
ritọrcere avere → 3.2.95 verdrehen,
zurückgeben
ritornare ẹssere → 2.1.1 zurückkehren, zurückkommen
ritrarre avere → 3.2.34 wiedergeben,
darstellen
ritrovare avere → 2.1.1 wieder
finden, ausfindig machen
riunire avere → 2.3.2 wieder
vereinigen, verbinden
riuscire ẹssere → 3.3.9 wieder
ausgehen, gelingen
rivalersi ẹssere → 3.2.35 sich wieder
bedienen
rivedere avere → 3.2.36 wieder
sehen, durchsehen
rivịvere avere/ẹssere → 3.2.38
wieder lebendig werden
rivọlgere avere → 3.2.96 richten,
wenden
rọdere avere → 3.2.85 nagen
rọmpere avere → 3.2.25 brechen,
zerbrechen
rubare avere → 2.1.1 stehlen

S

sacrificare avere → 2.1.3 opfern
saggiare avere → 2.1.6 prüfen,
probieren
salire avere/ẹssere → 3.3.7 hinauf-
gehen, (hinauf)steigen, einsteigen
saltare avere/ẹssere → 2.1.1
springen
salutare avere → 2.1.1 grüßen
salvare avere → 2.1.1 retten
sapere avere → 3.2.26 wissen,
können, erfahren
sbadigliare avere → 2.1.7 gähnen
sbagliare avere → 2.1.7 einen Fehler
begehen, können
sbalordire avere → 2.3.2 verblüffen
sbarcare avere/ẹssere → 2.1.3
landen, ausschiffen

sbiadire avere/ẹssere → 2.3.2 ausbleichen
sbloccare avere → 2.1.3 freigeben, lösen
sbrigare avere → 2.1.4 erledigen
sbucciare avere → 2.1.5 schälen
scadere ẹssere → 3.2.2 fällig werden
scandalizzare avere → 2.1.1 empören
scandalizzarsi ẹssere → 2.4.1 sich empören
scappare ẹssere → 2.1.1 fortlaufen
scaricare avere → 2.1.3 entladen, abladen
scaturire ẹssere → 2.3.2 entspringen
scẹgliere avere → 3.2.27 auswählen
scẹndere avere/ẹssere → 3.2.28 hinuntergehen, aussteigen
scherzare avere → 2.1.1 scherzen
schiarire avere/ẹssere → 2.3.2 aufhellen
schiụdere avere → 3.2.4 (halb) öffnen
sciare avere → 2.1.10 Schi fahren
scịndere avere → 3.2.86 spalten, trennen
sciọgliere avere → 3.2.5 lösen, aufmachen
scivolare ẹssere → 2.1.2 rutschen
scolpire avere → 2.3.2 meißeln, schnitzen
scommẹttere avere → 3.2.14 wetten
scomparire ẹssere → 3.3.1 verschwinden
scomporre avere → 3.2.20 auseinander nehmen
sconfịggere avere → 3.2.63 schlagen, besiegen
sconnẹttere avere → 3.2.82b faseln
sconvọlgere avere → 3.2.96 erschüttern
scoprire avere → 3.3.2 entdecken
scọrgere avere → 3.2.78 erblicken
scọrrere avere/ẹssere → 3.2.50 überfliegen, fließen
scrịvere avere → 3.2.29 schreiben
scuọcere avere → 3.2.9 verkochen
scuọtere avere → 3.2.87 schütteln
scusare avere → 2.1.1 entschuldigen
sdegnarsi ẹssere → 2.4.1 entrüsten

sedere ẹssere → 3.2.30 sitzen
sedersi ẹssere → 3.2.30 sich hinsetzen
sedurre avere → 3.2.7 verführen
segnare avere → 2.1.1 bezeichnen, aufschreiben
seguire avere → 2.3.1 folgen
sembrare ẹssere → 2.1.1 scheinen
semplificare avere → 2.1.3 vereinfachen
sentire avere → 2.3.1 hören, fühlen
separare avere → 2.1.1 trennen
seppellire avere → 2.3.2 begraben
servire avere/ẹssere → 2.3.1 dienen, brauchen
sfiorire ẹssere → 2.3.2 verblühen
sfogare avere/ẹssere → 2.1.4 auslassen, ausströmen, abfließen
sforzarsi ẹssere → 2.4.1 sich anstrengen
sfruttare avere → 2.1.1 ausnutzen
sfuggire avere/ẹssere → 2.3.1 fliehen, entkommen
sganciare avere → 2.1.5 abhängen, loslassen
sgonfiare avere/ẹssere → 2.1.9 entleeren, abschwellen
sgridare avere → 2.1.1 schimpfen
significare avere → 2.1.3 bedeuten
sistemare avere → 2.1.1 in Ordnung bringen, regeln
slacciare avere → 2.1.5 aufbinden, öffnen
smacchiare avere → 2.1.9 entflecken, reinigen
smaltire avere → 2.3.2 verdauen, überwinden, aufbrauchen
smarrire avere → 2.3.2 verlegen, verlieren
smentire avere → 2.3.2 dementieren
smẹttere avere → 3.2.14 aufhören
smuọvere avere → 3.2.15 verrücken
snellire avere → 2.3.2 schlank machen, verschlanken
socchiụdere avere → 3.2.4 anlehnen
soccọrrere avere → 3.2.50 helfen
soddisfare avere → 3.1.3 befriedigen
soffiare avere → 2.1.9 blasen
soffrịggere avere → 3.2.67 anbraten

soffrire avere → 3.3.5 leiden
soggiacere avere/essere → 3.2.18
unterliegen
soggiogare avere → 2.1.4 unterwerfen, beherrschen
soggiungere avere → 3.2.68 hinzu-
fügen
sognare avere → 2.1.1 träumen
sollecitare avere → 2.1.2 drängen
sollevare avere → 2.1.1 heben,
hochziehen
somigliare avere → 2.1.7 ähneln
sommergere avere → 3.2.59 über-
fluten
sopprimere avere → 3.2.47
abschaffen
sopraffare avere → 3.1.4 über-
wältigen
sopraggiungere essere → 3.2.68
hinzukommen, zustoßen
soprassedere avere → 3.2.30
aufschieben
sopravvenire essere → 3.3.10
hinzukommen, dazwischenkommen
**sopravvivere (fut. pres./cond. pres.
auch regelmäßig)** essere →
3.2.38 überleben
sorgere essere → 3.2.88 sich
erheben, aufgehen
sorprendere avere → 3.2.22
überraschen
sorvegliare avere → 2.1.7 beaufsichtigen, überwachen
sospingere avere → 3.2.64 treiben
sostenere avere → 3.2.33 tragen,
halten, behaupten
sostituire avere → 2.3.2 auswech-
seln, ersetzen
sottacere avere → 3.2.32 verschwei-
gen
sottendere avere → 3.2.93 mit sich
bringen
sottintendere avere → 3.2.93
durchblicken (lassen)
sottomettere avere → 3.2.14
unterwerfen
sottoporre avere → 3.2.20
unterbreiten, unterziehen

sottoscrivere avere → 3.2.29 unterschreiben
sottostare essere → 3.1.5 unterliegen
sottrarre avere → 3.2.34 entziehen,
entwenden
sovrintendere avere → 3.2.93 vor-
stehen
sovrapporre avere → 3.2.20 über-
einander legen
spaccare avere → 2.1.3 spalten,
hauen
spandere avere → 3.2.89 ausstreuen,
verbreiten
sparare avere → 2.1.1 schießen
spargere avere → 3.2.90 ausstreuen,
verstreuen
sparire essere → 2.3.2 verschwinden
spaventarsi essere → 2.4.1 erschrecken
spedire avere → 2.3.2 absenden,
schicken
spegnere avere → 3.2.31 ausschalten
spendere avere → 3.2.42 ausgeben
sperare avere → 2.1.1 hoffen
sperdere avere → 3.2.75 zerstreuen
spiare avere → 2.1.10 ausspionieren
spiegare avere → 2.1.4 erklären
spingere avere → 3.2.64 schieben,
drücken
spiovere avere/essere → 3.2.77 zu
regnen aufhören
splendere – → 2.2.1 scheinen,
strahlen, glänzen
spogliare avere → 2.1.7 ausziehen
sporcare avere → 2.1.3 beschmutzen
sporgere avere/essere → 3.2.78
hinausstrecken, herausragen
sposarsi essere → 2.4.1 heiraten
spostare avere → 2.1.1 rücken,
verlegen
sprecare avere → 2.1.3 verschwenden
stabilire avere → 2.3.2 aufstellen,
bestimmen
stabilirsi essere → 2.4.4 sich nieder-
lassen
staccare avere → 2.1.3 lösen, trennen
stare essere → 3.1.5 bleiben
starnutire avere → 2.3.2 niesen

stęndere avere → 3.2.93 ausstrecken, ausbreiten
stįngere avere/ęssere → 3.2.64 bleichen
stirare avere → 2.1.1 bügeln
stǫrcere avere → 3.2.95 verbiegen
stordire avere → 2.3.2 betäuben, verblüffen
stracciare avere → 2.1.5 zerreißen
stravedere avere → 3.2.36 eine besondere Zuneigung haben, blind lieben
stravǫlgere avere → 3.2.96 verdrehen, zutiefst verwirren
strįdere – → 2.2.1 kreischen, rasseln, nicht passen
strįngere avere → 3.2.91 drücken
strụggere avere → 3.2.92 schmelzen
studiare avere → 2.1.9 lernen
stupefare avere → 3.1.4 erstaunen
stupire avere → 2.3.2 erstaunen, verwundern
subire avere → 2.3.2 erleiden
succędere ęssere → 3.2.48 folgen, geschehen
suddivįdere avere → 3.2.57 teilen, unterteilen
suggerire avere → 2.3.2 einflüstern, raten
suonare avere → 2.1.1 spielen, läuten
superare avere → 2.1.2 überragen, überholen, überschreiten
supplire avere → 2.3.2 ersetzen, vertreten
supplicare avere → 2.1.3 anflehen
supporre avere → 3.2.20 annehmen, vermuten
sussįstere ęssere → 3.2.61 bestehen
svanire ęssere → 2.3.2 verschwinden, verklingen
svegliare avere → 2.1.7 wecken
svelare avere → 2.1.1 enthüllen
sveltire avere → 2.3.2 beschleunigen
svenire ęssere → 3.3.10 ohnmächtig werden
svestirsi ęssere → 2.4.3 sich ausziehen
sviare avere → 2.1.10 ablenken

svilire avere → 2.3.2 erniedrigen, abwerten
sviluppare avere → 2.1.1 entwickeln
svǫlgere avere → 3.2.96 abwickeln, entfalten

T

tacere avere → 3.2.32 schweigen
tagliare avere → 2.1.7 schneiden
tạngere (pass. rem. fehlt) – → 2.2.1 berühren
telefonare avere → 2.1.2 telefonieren, anrufen
temere avere → 2.2.1 fürchten
tęndere avere → 3.2.93 (auf)spannen
tenere avere → 3.2.33 halten
tentare avere → 2.1.1 versuchen
tęrgere avere → 3.2.94 wischen
terminare avere/ęssere → 2.1.2 beenden, abschließen, enden
testimoniare avere → 2.1.9 bezeugen
tifare avere → 2.1.1 Fan sein, Partei ergreifen
timbrare avere → 2.1.1 (ab)stempeln
tįngere avere → 3.2.64 färben
tirare avere → 2.1.1 ziehen, werfen, schießen
toccare avere → 2.1.3 berühren
tǫgliere avere → 3.2.5 (ab)nehmen, entfernen, wegnehmen
tollerare avere → 2.1.2 ertragen, dulden, tolerieren
tǫrcere avere → 3.2.95 drehen, biegen
tormentare avere → 2.1.1 quälen
tornare ęssere → 2.1.1 zurückkehren, zurückgehen
torrefare avere → 3.1.4 rösten
torturare avere → 2.1.1 foltern
tossire avere → 2.3.2 husten
tracciare avere → 2.1.5 ziehen, zeichnen, umreißen
tradire avere → 2.3.2 verraten, betrügen
tradurre avere → 3.2.7 übersetzen
trafficare avere → 2.1.3 handeln

trafiggere avere → 3.2.63
durchbohren, stechen
tralasciare avere → 2.1.8 auslassen
tranciare avere → 2.1.5 zerlegen,
schneiden
transigere avere → 3.2.60 durch
einen Vergleich beilegen, über-
einkommen
trarre avere → 3.2.34 ziehen
trasalire avere/essere → 3.3.7
zusammenfahren
trascendere avere/essere → 3.2.28
übersteigen, übertreiben
trascinare avere → 2.1.1 schleppen
trascorrere avere/essere → 3.2.50
verbringen, vergehen
trascrivere avere → 3.2.29
abschreiben, eintragen
trasferire avere → 2.3.2 versetzen
trasfigurare avere → 2.1.1
verändern, verklären
trasfondere avere → 3.2.65 übertragen
trasformare avere → 2.1.1 verwandeln, verändern
trasgredire avere → 2.3.2 übertreten
trasmettere avere → 3.2.14 übertragen, senden
trasparire essere → 3.3.1 durch-
scheinen
trasporre avere → 3.2.20 umstellen
trasportare avere → 2.1.1 bringen,
transportieren
trattare avere → 2.1.1 behandeln
trattenere avere → 3.2.33 aufhalten,
zurückhalten
travasare avere → 2.1.1 umfüllen
traviare avere → 2.1.9/10 vom
rechten Weg abbringen
travolgere avere → 3.2.96 fortreißen
tremare avere → 2.1.1 zittern
troncare avere → 2.1.3 abschneiden,
abbrechen
trovare avere → 2.1.1 finden
truccare avere → 2.1.3 schminken
tuffarsi essere → 2.4.1 tauchen, sich
stürzen
tumefare avere → 3.1.4 anschwellen

U

ubbidire (part. pres. -iente) avere
→ 2.3.2 gehorchen
ubriacare avere → 2.1.3 betrunken
machen
uccidere avere → 3.2.52 umbringen
udire avere → 3.3.8 hören
uguagliare avere → 2.1.7 gleich
machen
ultimare avere → 2.1.2 beendigen
umidificare avere → 2.1.3
anfeuchten
umiliare avere → 2.1.9 demütigen
ungere avere → 3.2.79 einfetten,
einschmieren
uniformare avere → 2.1.1 anpassen
unire avere → 2.3.2 verbinden
urbanizzare avere → 2.1.1
verstädtern
urinare avere → 2.1.1 harnen
urlare avere → 2.1.1 schreien
urtare avere → 2.1.1 stoßen
usare avere → 2.1.1 benutzen
uscire essere → 3.3.9 (hin)ausgehen
ustionarsi essere → 2.4.1 sich
verbrennen
usufruire avere → 2.3.2 genießen,
benutzen

V

vaccinarsi essere → 2.4.1 sich
impfen lassen
vagabondare avere → 2.1.1 sich
herumtreiben
vagare avere → 2.1.4 umherziehen
vagliare avere → 2.1.7 abwägen
valere essere → 3.2.35 gelten
valutare avere → 2.1.2 einschätzen
vantarsi essere → 2.4.1 stolz sein,
sich brüsten
variare avere/essere → 2.1.9 ändern,
wechseln
vedere avere → 3.2.36 sehen
vegetare avere → 2.1.2 wachsen,
vegetieren
vendere avere → 2.2.1 verkaufen
vendicare avere → 2.1.3 rächen

venire ẹssere → 3.3.10 kommen
vergognarsi ẹssere → 2.4.1 sich
schämen
verificare avere → 2.1.3 prüfen
versare avere → 2.1.1 (aus)gießen
vestire avere → 2.3.1 anziehen
vestirsi ẹssere → 2.4.3 sich anziehen
viaggiare avere → 2.1.6 reisen
vietare avere → 2.1.1 verbieten
vilipẹndere avere → 3.2.42
verachten
villeggiare avere → 2.1.6 seinen
Urlaub verbringen
vịncere avere → 3.2.37 gewinnen
visitare avere → 2.1.2 besuchen,
untersuchen
vịvere avere/ẹssere → 3.2.38 leben
viziare avere → 2.1.9 verwöhnen

volare avere/ẹssere → 2.1.1 fliegen
volere avere/ẹssere → 3.2.39 wollen
vọlgere avere → 3.2.96 wenden
votare avere → 2.1.1 wählen
vuotare avere → 2.1.1 (aus)leeren

Z

zampillare avere/ẹssere → 2.1.1
hervorschießen
zappare avere → 2.1.1 hacken
zigzagare avere → 2.1.4 im Zickzack
laufen
zittire avere → 2.3.2 zischen
zoppicare avere → 2.1.3 hinken
zuccherare avere → 2.1.2 zuckern,
süßen